国家重点档案保护与开发项目资助

省情与施政

广东省政府会议录

（1925—1949）

第九册

广东省档案馆 编

SPM 南方出版传媒 广东人民出版社

·广州·

目　录

广东省政府第十二届委员会会议录

（1949 年 2 月 18 日—8 月 30 日）

职官名录

广东省政府第十二届
委员会会议录

(1949 年 2 月 18 日—8 月 30 日)

广东省政府第十二届委员会
第一次会议纪录

时　　间　民国三十八年二月十八日

地　　点　本府会议厅

出席者　薛　岳　李扬敬　王光海　区芳浦　张　建　谢文龙

　　　　黄范一　韩汉英　吴逸志　肖次尹　黄　晃

公出者　陆匡文

缺席者　香翰屏

列席者　黄国梁　毛松年　黄秉勋　关自恕　段辅尧　黄镇中

主　　席　薛　岳

纪　　录　郭俊驹

报告事项

一、秘书处报告，奉交下会计处签，以本府前颁改善各县市局警察及自卫队官兵待遇办法，所附发之官兵因作战负伤或阵亡及死亡分别发给养伤费、抚恤费、安家费、埋葬费等标准表，仅以自卫队武职官阶划分，对于警察人员，应如何比照办理，未有规定，兹经洽商省保安司令部，订定本省各县市局警察人员养伤费伤残恤金阵亡给与暨病故给与标准表，请核定分行后报会议等情，并奉准如拟办理。

二、秘书处报告，奉交下会计处签呈，关于社会处呈缴三十七年下半年度赈济基金岁入岁出预算分配表一案，岁入岁出计各列金圆券七千五百五十六元九【角】三分，收支尚能适合，拟列报会议后，列入本省三十七年下半年度追加预算，请核示等情，并奉准如拟办理。

三、民政厅、财政厅、教育厅、建设厅、秘书处、会计处、社会处、卫生处、田赋粮食管理处、地政局、人事处、统计处、新闻处、设计考核委员会、沙田整理处报告一周办理重要工作。

讨论事项

一、主席交议，本人接任后，曾召开委员会议两次，决议各案，亦经发有关机关办理，现本届委员会已改组成立，兹拟将该两次会议纪录，改为本届委员谈话会纪录，请追认案。

（决议）追认。

二、（略）

三、主席交议，关于分派各厅处见习之青年辅导班结业学员派补实职缺问题一案，经由姚卸委员宝献等会同审查列具意见，请公决案。

（决议）照审查意见通过。

四、委员肖次尹提议，奉交约集指定人员审查三十八年度地方岁入岁出总预算一案，经约集审查完竣，拟具意见，请公决案。

（决议）再付审查，交萧、王、区、张、谢五委员，及会计处、田粮处审查，由萧委员约集。

五、委员兼建设厅长谢文龙提议，关于兴办本省三十八年度农田水利工程一案，经商准中国农村复兴联合委员会函允筹拨工程贷款，并附分配水利工程款项办法，及代拟本省粮食增产委员会与各地围董会订立水利贷款合约稿各一份，请公决案。

（决议）通过。

六、主席交议，据会计处签呈，关于琼东县三十七年下半年度地方岁入岁出总预算一案，经核编完竣，岁入岁出计各列金圆券七万八千六百五十一元，请核定等情，请公决案。

（决议）通过。

七、主席交议，据会计处签呈，关于澄海县三十七年下半年度地方岁入岁出总预算一案，经核编完竣，岁入岁出计各列金圆券一十九万五千三百五十一元，请核定等情，请公决案。

（决议）通过。

八、主席交议，据会计处签呈，关于新兴县二〔三〕十七年下半年度地方岁入岁出总预算一案，经核编完竣，岁入岁出计各列金圆券一十三万一千六百六十二元，请核定等情，请公决案。

（决议）通过。

九、主席交议，据会计处签呈，关于东莞县三十七年下半年度地方岁入岁出总预算一案，经核编完竣，岁入岁出计各列金圆券六十二万五千二百六十三元，请核定等情，请以决案。

（决议）通过。

十、主席交议，据会计处签呈，关于定安县三十七年下半年度地方岁入岁出总预算一案，经核编完竣，岁入岁出计各列金圆券一十六万七千六百三十四元，请核定等情，请公决案。

（决议）通过。

十一、委员兼教育厅长张建提议，省立肇庆中学校长欧广瀚迭请辞职，拟予照准，遗缺拟派陆咏勤接充，检同该员履历，请公决案。

（决议）通过。

十二、委员兼教育厅长张建提议，省立仲恺农业职业学校校长郑作励因病呈请辞职，拟予照准，遗缺拟派张任侠接充，检同该员履历，请公决案。

（决议）通过。

十三、委员兼教育厅长张建提议，省立喜泉农业职业学校校长徐家鼐，已免职，遗缺拟派梁廷秀接充，检同该员履历，请公决案。

（决议）通过。

广东省政府第十二届委员会
第二次会议纪录

时　　间　二月二十五日

地　　点　本府会议厅

出席者　薛　岳　李扬敬　王光海　区芳浦　张　建　谢文龙
　　　　黄范一　韩汉英　吴逸志　陆匡文　肖次尹　黄　晃

缺席者　香翰屏

列席者　黄国梁　毛松年　陈洪范　朱润深　黄秉勋　关自愆
　　　　段辅尧　黄镇中

主　　席　薛　岳

纪　　录　郭俊驹

宣读第一次会议纪录。

报告事项

一、秘书处报告，奉交下会计处签呈，关于社会处电缴该处三十七年上半年度振济基金岁入岁出追加追减分配预算表及决算表，请察核一案，除预算表经另案办理外，至决算表，计岁入岁出各列国币二十七亿七千二百八十一万二千三百二十元，核数尚符，拟列报会议后存转，请核示等情，并奉准如拟办理。

二、秘书处报告，奉交下会计处签呈，关于财政厅编具该厅胡任交代费预算分配表，请核拨一案，核与规定尚符，拟予照准，计留办交代人员薪俸及交代办公费，共需一十五万一千五百一十六元，款在三十八年度第二预备金项下开支，并拟照规定准予价领公粮共八市石，照广州区二月份扣价标准办理，请核示等情，并奉准如拟办理。

三、秘书处报告，奉交下会计处签呈，查本府前订颁之改善各县市局警察及自卫队官兵待遇办法，规定按稻谷实物计发，其附表所定标准，系属最低标准，并非规定为最高之限度。现据潮安县府呈报，因粮价较低关系，以实物计发，尚低于原县级公教人员待遇，兹拟指饬，如该县财力可能发给官兵之待遇标准，较奉颁办法为高时，在不得低于奉颁标准之原则下，准由县酌办，并拟通饬各县市局遵照，请核定等情，并准如拟办理。

四、秘书处报告，奉交下田粮处签呈，拟根据各县截至一月二十四日所报中谷市价为基准，重行调整本省各县三十七年度折价田赋折征标准，自本年二月一日起实施，调整后各县如因粮价上涨，经邀集地方机关议价高于上定标准时，仍照县议标准征收，造具丑东调整标准价计算表，请核定分行后报会议等情，并奉准如拟办理。

五、民政厅、财政厅、教育厅、建设厅、秘书处、会计处、社会处、卫生处、田赋粮食管理处、地政局、人事处、统计处、新闻处，设计考核委员会报告一周办理重要工作。

讨论事项

一、主席交议，据由田粮处签呈，关于本省三十七年度验收赋谷，前经照省参议会意见，通令每市石照一一〇市斤验收，以增收之二市斤补贴储运损耗一案，经电准粮食部电复，仍照一〇八市斤验收等由，拟议意见请核示等情，请公决案。

（决议）照签拟意见通过。

二、主席交议，据会计处签呈，关于教育厅呈请核拨省立梅州农业职业学校与私立广益中学互争校址诉讼费用一案，拟由府拨助五万元，款在本年度省预算第二预备金项下开支，请核示等【情】，请公决案。

（决议）通过。

三、主席交议，据会计处签呈，关于田粮处呈缴三十七年下半年度省粮运集费追加概算书，请补拨应支一案，拟议意见请核示等情，请公决案。

（决议）通过。

四、主席交议，据会计处签呈，关于连南、乐东、保亭、白沙等四县无线电分台员工粮食，三十八年全年度共需米六十七石二斗，拟援案由省予以补助，请核示等情，请公决案。

（决议）通过。

五、主席交议，据会计处签呈，关于秘书处呈请拨付本府负担粤穗各界欢迎余主任薛主席、欢送张长官莅任大会经费一万五十〔千〕元一案，该款拟在三十八年度第一预备金科目拨支，请核示等情，经准予照办，请追认案。

（决议）追认。

六、委员兼秘书长李扬敬提议，关于茂名县人民丘××因不服茂名县政府将其私人所有松香胶起运，送交该县国民自卫队经费筹给委员会投变之处分，提起诉愿一案，经审查完竣，依法拟具决定书，原处分撤销，请公决案。

（决议）通过。

七、主席交议，为简化机构，提高行政效率，紧缩经费，拟将本府人事、统计、新闻三处裁并秘书处，改设人事室、统计室、新闻室继续办理业务，兹订定各该室编制表，请公决案。

（决议）（一）统计处合并会计处，交黄（晃）、区二委员，及毛会计长，陈统计长审查，由黄委员约集。（二）余照案通过，由三月一日起实施。

八、委员兼教育厅长张建提议，准省参议会函送该会第一届第五次大会决议案，请将"省立广州高级工业职业学校"，易名为"省立云陔高级工业职业学校"，以资纪念一案，可否照办，请公决案。

（决议）照办。

九、主席交议，据会计处签呈，关于东莞县三十七年上半年度地方岁入岁出第三次追加预算一案，经核编完竣，岁入岁出计各列国币七十一亿三千零三十九万七千元，请核定等情，请公决案。

（决议）通过。

十、主席交议，据会计处签呈，关于连平县三十七年上半年度地方岁入岁出第二次追加预算一案，经核编完竣，岁入岁出计各列国币二亿零八百一十六万二千元，请核定等情，请公决案。

（决议）通过。

十一、主席交议，据会计处签呈，关于赤溪县三十七年下半年度地方岁入岁出总预算一案，经核编完竣，岁入岁出计各列金圆券一万七千八百五十三元，请核定等情，请公决案。

（决议）通过。

十二、主席交议，据会计处签呈，关于从化县三十七年下半年度地方岁入岁出总预算一案，经核编完竣，岁入岁出计各列金圆券一十五万一千七百四十九元，请核定等情，请公决案。

（决议）通过。

十三、主席交议，据会计处签呈，关于顺德县三十七年下半年度地方岁入岁出总预算一案，经核编完竣，岁入岁出计各列金圆券九十二万七千六百五十五元，请核定等情，请公决案。

（决议）通过。

十四、主席交议，据会计处签呈，关于南澳县三十七年下半年度地方岁入岁出总预算一案，经核编完竣，岁入岁出计各列金圆券三万三千七百五十元，请核定等情，请公决案。

（决议）通过。

十五、委员兼建设厅长谢文龙提议，拟派幸耀燊代理本厅秘书，检同该员履历，请公决案。

（决议）通过。

十六、委员兼建设厅长谢文龙提议，拟派严秉钧代理本厅农林处技正，检同该员履历，请公决案。

（决议）通过。

十七、委员兼教育厅长张建提议，省立惠州中学校长冯梓效调厅工作，遗缺拟派伍应衡接充，检同该员履历，请公决案。

（决议）通过。

十八、主席交议，为简化机构，提高行政效率，紧缩经费，拟裁撤本府社会处，其裁并办法，经饬据民政厅签议意见前来，请公决案。

（决议）并入民政厅，增设六、七两科，由三月一日起实施。

十九、主席交议，据会计处签呈，以物价高涨，为维持政务，关于各机关经临办公费，拟予增加，兹拟议意见三项，请核示等情，请公决案。

（决议）照第三项办理，由省库拨一千二百万元，其余照案将省粮售给粮经会，以价款拨支。

二十、委员兼民政厅长王光海提议，为遵谕拟议紧缩县政府编制意见，请公决案。

（决议）交王、区、张、谢、肖、黄、黄七委员及毛会计长审查，由王委员约集。

二十一、委员兼民政厅长王光海提议，儋县县长符维群另有任用，遗缺拟派钱开新代理；乳源县长卢崇善调省，遗缺拟派陈进取代理；乐昌县长杨家凡调省，遗缺拟派薛纯武代理；清远县长廖骐辞职照准，遗缺拟派陈德用代理。谨检附该各员履历，请公决案。

（决议）通过。

二十二、主席交议，各编并机关编余员工应如何处理，请公决案。

（决议）各编余员工，在未另派工作以前，照二月份标准各发薪津、公粮三个月遣散。

广东省政府第十二届委员会
第三次会议纪录

时　间　三月四日

地　点　本府会议厅

出席者　薛　岳　李扬敬　王光海　区芳浦　张　建　谢文龙
　　　　黄范一　吴逸志　陆匡文　肖次尹　黄　晃

公出者　韩汉英

缺席者　香翰屏

列席者　黄世途　张炎元　毛松年　朱润深　黄秉勋　郭汉鸣
　　　　段辅尧　梁谦武

主　席　薛　岳

纪　录　苏旭升　郭俊驹

宣读第二次会议纪录。

报告事项

一、秘书处报告，关于新会县楼山乡第十保旧社村保长王×等因划分乡保界纠纷事件不服新会县政府处分，提起诉愿一案，查乡保界划分，乃属国家内务行政，且只关地方管治，与土地所有权无涉，该民竟提出反对，于例实有未合，应予驳回，经依法拟具决定书，并签准如拟办理。

二、秘书处报告，奉交下建设厅呈，以据公路局呈，以参照实际外汇调整汽车运价，为货运每吨公里一百五十九元一角，客运每客公里一十六元五角，自本年二月一日起实行前来，核尚适合，经权予照准，请察核等情，并奉准如拟办理。

三、秘书处报告，奉交下建设厅呈，以据公路局电，请准自本年二月六日起调整养路费为货车每吨公里一十九元六角，大客车每车公里二十八元，中客车一十九元六角，小客车一十一元二角；并自本年二月一日起调整监理费为货车每吨公里五元，大客车每车公里八元，中客车五元，小客车三元五角前来，核属适合，经权予照准，请察核等情，并奉准如拟办理。

四、秘书处报告，奉交下会计处签呈，以省级各机关经常费经再调整增加，关于三十八年度省级各机关分配预算编制办法第四条，规定特别活支费及员工医药补助费流用数额，拟自二月份起予以增加四倍，并拟将该条文第（一）款修正为"……最高得流用至原列分配数之四十倍"，第（二）款修正为"……最高得流用至原分配数之二十四倍"，第（三）款修正为"……最高得流用至原分配数之十二倍"，请核示等情，并奉准如拟办理。

五、秘书处报告，奉交下会计处签呈，关于教育厅电，以为使南来学生请求借读或转学多得入学机会起见，拟就原核定班级人员薪额内统筹调整，附呈调整后所属机关学校员工三十八年二月份起每月应拨薪饷数目表，请核准一案，核计广州区增员六人，役二名，应否照位，请核定等情，并奉准如拟办理。

六、秘书处报告，奉交下建设厅呈，据公路局呈，以按照构成运输成本工料市价调整汽车运价为货运每吨公里二百五十元，客运每客公里二百七十元，自二月十一日起实行前来，核尚适合，经权予照准，请察核等情，并奉准如拟办理。

七、民政厅、财政厅、教育厅、建设厅、秘书处、会计处、卫生处、田赋粮食管理处、地政局、设计考核委员会报告一周办理重要工作。

讨论事项

一、主席交议，据田粮处呈，拟本省三十七年度民食调节计划请核夺一案，经饬由秘书处约集各有关机关审查酌予修正，请公决案。

（决议）通过。

二、主席交议，关于教育厅拟呈，省立中等学校三十七年度第二学期征收学米原则，请核示一案，核尚可行，经准予照办，请追认案。

（决议）追认。

三、主席交议，关于统计处合并会计处一案，经由黄委员晃等审查完竣，列具意见，并照所拟办理，请追认案。

（决议）追认。

四、主席交议，据会计处签呈，关于连南、乐东、保亭、白沙四县本年二月份起员役长警薪饷及副食费，拟照新标准援案予以增加补助，款在贫瘠县份补助费科目拨支，请核定等情，请公决案。

（决议）通过。

五、主席交议，据会计处签呈，关于连南、乐东、保亭、白沙四县县政府及参议会办公费，暨该四县政府特别费，可否自二月份起照核定标准，援照成案半数改以实物补助，抑按月照各该县谷价折发代金之处，请核示等情，请公决案。

（决议）照财政厅附签意见办理。

六、主席交议，据会计处签呈，关于连南、乐东、保亭、白沙四县县政府所属各单位三十八年度主管人员特别办公费，拟援照成案予以补助，款在贫瘠县份补助费科目拨支，请核示等情，请公决案。

（决议）通过。

七、主席交议，据会计处签呈，关于新闻处呈，以奉拨该处新闻界招待费二十万元，除支用外，计尚余四千七百一十五元，请察核一案，兹拟议意见，请核示等情，请公决案。

（决议）照会计处签拟通过。

八、主席交议，据会计处签呈，关于本府前着省银行垫付广东日报社六十万元一案，该款拟在三十八年度第二预备金科目开支，拨还该行归垫，请核示等情，请公决案。

（决议）通过。

九、主席交议，据会计处签呈，关于前任宋主席函请依照二月份公教人员调整待遇标准增拨留办交代人员薪津一案，计共需增拨七万零九百五十元，该款拟在三十八年第一预备金科目拨支，请核示等情，请公决案。

（决议）照会计处签拟办理。

十、主席交议，据地政局签拟将地籍整理规费合并改征稻谷一案，经饬由该局约集财政厅、田粮处、会计处研议办法两项前来，请公决案。

（决议）照会签意见第二项办法办理。

十一、主席交议，据会计处签呈，兹参照中央各级主管人员公费支给标准，拟定省级各机关各级主管人员公费支给数额表，由本年一月份起实行，请核示等情，请公决案。

（决议）通过，一、二月份需支数暂由省银行借垫。

十二、主席交议，据卫生处呈，请核拨省立高级护士助产职业学校迁址搬运及校舍修缮费，共二百四十八万八千元一案，拟准照发，该款经饬由财政厅、会计处会签拨支意见前来，请公决案。

（决议）通过。

十三、委员兼建设厅长谢文龙提议，据公路局转据琼崖区办事处电，拟将该区各路分区管养一案，拟准照办，请公决案。

（决议）通过。

十四、委员肖次尹等会复，奉交审查地政局签拟各地籍整理县份，对于出租土地所负担地籍整理规费，按照现行征收标准加倍征收一案，经审查完竣，拟具意见，请公决案。

（决议）照审查意见通过。

十五、委员肖次尹等会复，奉交审查沙田处签拟修订广东省各县沙田提前声请补价承领办法一案，经审查完竣，拟具意见，请公决案。

（决议）照审查意见通过。

十六、主席交议，据会计处签呈，关于罗定县三十七年下半年度地方岁入岁出总预算一案，经核编完竣，岁入岁出计各列金圆券一十五万四千二百零四元，请核定等情，请公决案。

（决议）通过。

十七、主席交议，据会计处签呈，关于潮阳县三十七年下半年度地方岁入岁出总预算一案，经核编完竣，岁入岁出计各列金圆券三十六万五千九百零五元，请核定等情，请公决案。

（决议）通过。

十八、主席交议，据会计处签呈，关于和平县三十七年下半年度地方岁入岁出总预算一案，经核编完竣，岁入岁出计各列金圆券九万七千九百四十元，请核定等情，请公决案。

（决议）通过。

十九、主席交议，据会计处签呈，关于兴宁县三十七年下半年度地方岁入岁出总预算一案，经核编完竣，岁入岁出计各列金圆券二十二万九千九百四十七元，请核定等情，请公决案。

（决议）通过。

二十、主席交议，据会计处签呈，关于新会县三十七年下半年度地方岁入岁出总预算一案，经核编完竣，岁入岁出计各列金圆券二百二十五万三千四百六十四元，请核定等情，请公决案。

（决议）通过。

二十一、主席交议，据会计处签呈，关于清远县三十七年下半年度地方岁入岁出总预算一案，经核编完竣，岁入岁出计各列金圆券五十八万三千零一十六元，请核定等情，请公决案。

（决议）通过。

二十二、主席交议，据会计处签呈，关于三水县三十七年下半年度地方岁入岁出总预算一案，经核编完竣，岁入岁出计各列金圆券六十五万二千九百二十九元，请核定等情，请公决案。

（决议）通过。

二十三、主席交议，据会计处签呈，关于乐会县三十七年下半年度地方岁入岁出总预算一案，经核编完竣，岁入岁出计各列金圆券二万九千八百一十四元，请核定等情，请公决案。

（决议）通过。

二十四、主席交议，据会计处签呈，关于恩平县三十七年下半年度地方岁入岁出总预算一案，经核编完竣，岁入岁出计各列金圆券二十七万三千八百七十九元，请核定等情，请公决案。

（决议）通过。

二十五、主席交议，据会计处签呈，关于廉江县三十七年下半年度地方岁入岁出总预算一案，经核编完竣，岁入岁出计各列金圆券六十四万六千二百九十元，请核定等情，请公决案。

（决议）通过。

二十六、（略）

二十七、主席交议，据会计处签呈，关于人事处关处长呈请核拨该处办理结束经费及留办结束人员薪津，并准价领公粮一个月一案，核与规定尚符，拟予照准，请核示等情，请公决案。

（决议）通过。

二十八、主席交议，关于价发三月份省级机关学校员工长警食粮一案，经饬由田粮处约集财政厅、会计处会商办法签核前来，请公决案。

（决议）照会签意见通过。

二十九、委员兼教育厅长张建提议，省立体育专科学校校长许民辉呈请辞职，拟予照准，遗缺拟派雷瑞林接充，检同该员简历表，请公决案。

（决议）通过。

三十、主席交议，据设计考核委员会签呈，为拟订本府三十八年度施政计划纲要，请提会决定等情，请公决案。

（决议）通过。

三十一、主席交议，准省保安司令部函送该部拟订广东省保安司令部划一各县（市局）警官人事处理办法，请查照等由，请公决案。

（决议）通过。

三十二、委员兼民政厅长王光海提议，东莞县县长何峨芳调省，遗缺拟派王超代理；赤溪县县长曾文樾辞职照准，遗缺拟派李法尧代理。谨检附各该员履历，请公决案。

（决议）通过。

广东省政府第十二届委员会
第四次会议纪录

时　　间　三月十一日

地　　点　本府会议厅

出席者　薛　岳　李扬敬　王光海　区芳甫　张　建　谢文龙
　　　　黄范一　吴逸志　陆匡文　肖次尹　黄　晃

公出者　韩汉英

缺席者　香翰屏

列席者　黄世途　毛松年　朱润深　黄秉勋　郭汉鸣　段辅尧

主　　席　薛　岳

纪　录　苏旭升　郭俊驹

宣读第三次会议纪录。

报告事项

一、秘书处报告，关于阳春县民柯××因征收土地纠纷事件不服阳春县政府处分提起诉愿一案，查本案系争土地鱼塘，系该诉愿人与土地需用人双方洽商买卖，事前并未呈经该管县政府核准公告征收，案属司法范围，应不予受理，经依法拟具决定书，并签准如拟办理。

二、秘书处报告，奉交下建设厅呈，以据公路局呈，拟调整公路汽车运价为货运每吨公里三百七十元，客运每客公里四十元，自二月二十一日起实行，请核准前来，核尚适合，经权予照准，谨报请察核等情，并奉准如拟办理。

三、秘书处报告，奉交下建设厅呈，以据公路局电，拟调整养路费及监理费征收率，自二月二十一日起实行，计养路费调整为货车每吨公里四十九元，大客车每车公里七十元，中客车四十九元，小客车二十八元；监理费调整为货车每吨公里十三元，大客车每车公里二十元，中客车十三元，小客车九元，请核准前来。核尚适合，经以予照准，谨报请察核等情，并奉准如拟办理。

四、秘书处报告，奉交下田粮处签呈，以根据各县截至二月十四日所报中谷市价为基准，重行调整三十七年折价田赋折征标准，调整后如当地粮价上涨高于现定标准者，得由县照案议定标准征收，造具丑马调整标准价计算表，请核定分行后报会议等情，并奉准如拟办理。

五、秘书处报告，奉交下会计处签呈，以三十七年下半年度终了已久，该半年度决算自应依照向例办理，兹订定三十七年下半年度各机关编制决算注意事项，请核示等情，并奉准如拟办理。

六、秘书处报告，奉交下建设厅呈，关于本省办理三十八年度对农田水利工程，前经洽商中国农村复兴联合委员会，拟订广东省农田水利工程贷款合约草案，及农民团体申请贷款办理水利工程具结书格式，提经第一次委员会议通过并经送准该会修正送还，附缮正合约两本，请转呈省府盖印签字存还等由，查修正合约及具结书与前通过案大致相同，似可照办，请照盖印签章等情，并奉准如拟办理。

七、民政厅、财政厅、教育厅、建设厅、秘书处、会计处、卫生处、田赋粮食管理处、地政局、设计考核委员会报告一周办理重要工作。

讨论事项

一、主席交议，为选拔贤才以适应当前建省建国需要，拟设立广东省政治干部训练班，附具该班组织规程、编制表、训练计划纲要及全年度经费概算书，请公决案。

（决议）（一）组织规程、编制表及训练计划纲要修正通过。（二）概算书交财政厅、会计处审核。

二、主席交议，据会计处签呈，关于民政厅呈缴前任华厅长交代经费预算，请援案拨发一案，拟议意见请核示等情，请公决案。

（决议）通过。

三、主席交议，据会计处签呈，关于卸任教育厅姚厅长呈请核拨交代办公费及留办交代人员薪津公粮一案，拟议意见请核示等情，请公决案。

（决议）通过。

四、主席交议，据会计处签呈，关于新闻处黄处长呈请核拨该处办理结束经费及留办结束人员薪津一案，拟议意见请核示等情，请公决案。

（决议）通过。

五、主席交议，据会计处签呈，关于本省绥靖经费计核委员会呈，以本府前着省银行及实业公司分垫省保部所属保安团队本年二月份经临费，共六千二百四十六万二千一百零三元，请在物资调节委员会盈余项下拨还归垫一案，似可照准，请核示等情，请公决案。

（决议）通过。

六、主席交议，据会计处签呈，关于绥靖经费计核委员会呈，以省保部前奉饬向中央银行及物资调节会垫借所属团队一月份薪饷及二月份副食费，共二千九百三十四万五千七百七十一元，请在物资调节委员会盈余项下拨还归垫一案，似可照准，请核示等情，请公决案。

（决议）通过。

七、委员兼教育厅长张建提议，本省国民体育委员会组织规程拟酌予修正，检同修正组织规程，请公决案。

（决议）通过。

八至十、（略）

十一、主席交议，据会计处签呈，关于临高县三十七年下半年度地方岁入岁出总预算一案，经核编完竣，岁入岁出计各列金圆券三十一万六千四百六十三元，请核定等情，请公决案。

（决议）通过。

十二、主席交议，据会计处签呈，关于茂名县三十七年下半年度地方岁入岁出总预算一案，经核编完竣，岁入岁出计各列金圆券二十四万二千七百二十二元，请核定等情，请公决案。

（决议）通过。

十三、主席交议，据会计处签呈，关于连平县三十七年下半年度地方岁入岁出总预算一案，经核编完竣，岁入岁出计各列金圆券六万二千七百零三元，请核定等情，请公决案。

（决议）通过。

十四、主席交议，据会计处签呈，关于曲江县三十七年下半年度地方岁入岁出总预算一案，经核编完竣，岁入岁出计各列金圆券二十三万一千六百四十元，请核定等情，请公决案。

（决议）通过。

十五、主席交议，据会计处签呈，关于惠阳县三十七年下半年度地方岁入岁出总预算一案，经核编完竣，岁入岁出计各列金圆券三十九万二千二百六十六元，请核定等情，请公决案。

（决议）通过。

十六、主席交议，据会计处签呈，关于阳山县三十七年下半年度地方岁入岁出总预算一案，经核编完竣，岁入岁出计各列金圆券一十三万零七百六十八元，请核定等情，请公决案。

（决议）通过。

十七、主席交议，据会计处签呈，关于郁南县三十七年下半年度地方岁入岁出总预算一案，经核编完竣，岁入岁出计各列金圆券二十三万六千三百七十五元，请核定等情，请公决案。

（决议）通过。

十八、主席交议，据会计处签呈，关于普宁县三十七年下半年度地方岁入岁出总预算一案，经核编完竣，岁入岁出计各列金圆券九万七千七百三十元，请核定等情，请公决案。

（决议）通过。

十九、主席交议，据会计处签呈，关于开平县三十七年下半年度地方岁入岁出总预算一案，经核编完竣，岁入岁出计各列金圆券三十四万七千三百零二元，请核定等情，请公决案。

（决议）通过。

二十、主席交议，据会计处签呈，关于高明县三十七年下半年度地方岁入岁出总预算一案，经核编完竣，岁入岁出计各列金圆券一十九万六千四百九十九元，请核定等情，请公决案。

（决议）通过。

二十一、委员兼建设厅长谢文龙提议，拟派徐沃宏代理本厅技正，检同该员履历，请公决案。

（决议）通过。

二十二、主席交议，据财政厅、会计处会签，为依照审查意见，编具本省三十八年度地方岁入岁出总预算书，请提会核定等情，请公决案。

（决议）照审查意见通过。

二十三、主席交议，据会计处签呈，为拟议省级各机关本年三月份经临费拨支意见，请核夺等情，请公决案。

（决议）签拟第一项通过，第二项处〔由〕区、黄（范一）、陆三委员及毛会计长、田粮处黄处长审查，由区委员约集。

二十四、（略）

二十五、委员兼民政厅长王光海提议，海丰县县长黄干英另候任用，遗缺拟派戴雁宾代理；陆丰县县长赖舜纯免职，遗缺拟派颜国璠代理；高明县县长谢伟豪免职，遗缺拨派劳穗生代理。谨检附各该员履历请公决案。

（决议）通过。

广东省政府第十二届委员会
第五次会议纪录

时　间　三月十八日
地　点　本府会议厅
出席者　薛　岳　李扬敬　王光海　区芳浦　张　建　谢文龙
　　　　黄范一　吴逸志　陆匡文　肖次伊　黄　晃
公出者　韩汉英
缺席者　香翰屏
列席者　黄国梁　毛松年　朱润深　黄秉勋　郭汉鸣　段辅尧
主　席　薛　岳
纪　录　苏旭升　郭俊驹

宣读第四次会议纪录。

报告事项

一、秘书处报告，奉交下会计处签呈，以准省保安司令部抄送该部呈广州绥靖公署代电，为决定将现有保安团部中，抽拨十六个团编成保安师五个师及特务团一个团；自三月一日起改编完成，其余各团则拨编为国军，拨编国军之团计为保三、四、六、七、十、十一、十七、十八、二十二、二十六等十个团，其经粮械服等项，请自三月一日起，由供应局衔接补给等由，拟列报会议后存查，请核示等情，并奉准如拟办理。

二、秘书处报告，奉交下建设厅呈，据公路局呈，以参照中国银行港汇牌价，调整公路汽车运价为货运每吨公里四百七十五元，客运每客公里五十元，由三月一日起实行，请核准前来，核尚适合，经权予照准，谨报请察核等情，并奉准如拟办理。

三、秘书处报告，奉交下沙田整理处签呈，为根据本省各县沙田补价及地籍整理费折价征收办法规定，核定本年三月下半月份沙田补价为，每稻谷一百市斤，按一万零八百八十元折算；地籍整理各费为每稻谷一百市斤，按一万二千二百四十元折算。除通饬遵照外，谨报请核备等情，并奉准如拟办理。

四、秘书处报告，奉交下会计处签呈，以本省三十八年度省级各机关分配预算编制办法第四条规定，特别活支费及员工医药补助费两科目流用数额标准，经核定自二月起增加流用倍数，现省级各机关经常费，经自三月起再调整增加，该两科目流用数额拟自三月起照二月标准增加三倍，俾应需要，请核示等情，并奉准如拟办理。

五、民政厅、财政厅、教育厅、建设厅、秘书处、会计处、卫生处、田赋粮食管理处、地政局、设计考核委员会报告一周办理重要工作。

讨论事项

一、主席交议，据会计处签呈，关于本府先后着省银行及实业公司分垫省保部所属保安团队夏服缝制费，及保安师五个师开办费各案，如何筹还归垫，谨拟议办法二项请核定等情，请公决案。

（决议）照签拟意见第一项办理。

二、主席交议，据会计处签呈，关于本府前着省银行垫付印制戴故委员丧仪照片费一十七万六千四百元一案，该款拟在本年度第二预备金科目开支，拨还该行归垫，请核示等情，请公决案。

（决议）通过。

三、主席交议，据会计处签呈，关于民政厅呈请核拨接收社会处公物卷宗搬运费六十三万元一案，该款拟在本年度第二预备金科目拨支，请核示等情，请公决案。

（决议）通过。

四、主席交议，据会计处签呈，以各县市局警察及保安营官兵待遇，经规定【按】稻谷实物计算，关于出差旅费是否仍照出差旅费标准以金圆券发给，抑随改善待遇案，一并改按稻谷实物为计算标准发给之处，请提会核定等情，请公决案。

（决议）（一）文字修正，出差旅费照稻谷计算如附表。（二）县级公教员工准比照办理。

五、主席交议，据会计处签呈，关于本府前饬省银行垫拨新闻处业务活支费五万元一案，该款拟在三十八年度省预算第二预备金开支，拨还该行归垫，请核示等情，请公决案。

（决议）通过。

六、主席交议，据会计处签呈，以广东省地方自卫督导委员会结束办法经奉核定，关于该会员役遣散费，计共需一十四万元，拟在本年度第二预备金项下拨支，请核示等情，经准予照办，请追认案。

（决议）追认。

七、（略）

八、主席交议，据秘书处签呈，关于恩平县人民张××等因官荒纠纷事件不服该县政府处分，提起诉愿一案，经审查完竣，依法拟具决定书，原处分撤销，请核定等情，请公决案。

（决议）通过。

九、委员黄晃提议，奉交约集指定人员草拟本省土地改革会议章则一案，遵经会同拟具广东省土地改革会议规程草案，请公决案。

（决议）通过。

十、委员肖次尹提议，奉交约集指定人员起草粮政会议章则一案，遵经会同拟具广东省粮政会议规程草案，请公决案。

（决议）通过。

十一、主席交议，据会计处签呈，关于鹤山县三十七年下半年度地方岁入岁出总预算一案，经核编完竣，岁入岁出计各列金圆券一十三万八千一百六十一元，请核定等情，请公决案。

（决议）通过。

十二、主席交议，据会计处签呈，关于大埔县三十七年下半年度地方岁入岁出总预算一案，经核编完竣，岁入岁出计各列金圆券一十二万五千九百零二元，请核定等情，请公决案。

（决议）通过。

十三、主席交议，据会计处签呈，关于仁化县三十七年下半年度地方岁入岁出总预算一案，经核编完竣，岁入岁出计各列金圆券七万零四百九十八元，请核定等情，请公决案。

（决议）通过。

十四、主席交议，据会计处签呈，关于广宁县三十七年下半年度地方岁入岁出总预算一案，经核编完竣，岁入岁出计各列金圆券八万九千六百五十六元，请核定等情，请公决案。

（决议）通过。

十五、主席交议，据会计处签呈，关于阳春县三十七年下半年度地方岁入岁出总预算一案，经核编完竣，岁入岁出计各列金圆券九十三万八千八百一十六元，请核定等情，请公决案。

（决议）通过。

十六、主席交议，据会计处签呈，关于灵山县三十七年下半年度地方岁入岁出总预算一案，经核编完竣，岁入岁出计各列金圆券七十一万九千二百三十元，请核定等情，请公决案。

（决议）通过。

十七、主席交议，据会计处签呈，关于吴川县三十七年下半年度地方岁入岁出总预算一案，经核编完竣，岁入岁出计各列金圆券一十六万四千四百四十元，请核定等情，请公决案。

（决议）通过。

十八、主席交议，据会计处签呈，关于琼山县三十七年下半年度地方岁入岁出总预算一案，经核编完竣，岁入岁出计各列金圆券六十一万四千一百九十二元，请核定等情，请公决案。

（决议）通过。

十九、主席交议，据会计处签呈，关于梅县三十七年下半年度地方岁入岁出总预算一案，经核编完竣，岁入岁出计各列金圆券二十八万五千六百五十元，请核定等情，请公决案。

（决议）通过。

二十、主席交议，据会计处签呈，关于宝安县三十七年下半年度地方岁入岁出总预算一案，经核编完竣，岁入岁出计各列金圆券三十四万二千九百五十四元，请核定等情，请公决案。

（决议）通过。

二十一、委员区芳浦函复，奉交约集指定人员，审查会计处签拟省级各机关本年三月份经临费拨支意见一案，经会同审查完竣，列具意见，请公决案。

（决议）照审查意见通过。

二十二、主席交议，据会计处签呈，关于财政厅呈报三十八年度第二预备金等科目超支情形，请示今后应如何办理一案，谨拟议意见，请核示等情，请公决案。

（决议）照会计处签拟意见办理。

二十三、主席交议，据会计处签呈，关于各县无线电分台电，以迩来物价波动甚剧，员工生活无法维持，请准恢复价领粮食一案，查属实情，可否准由县斟酌县粮情形，比照县级人员价领粮食规定，予以价发，请提会核定等情，请公决案。

（决议）通过。

二十四、主席交议，据会计处签呈，关于粤侨事业辅导委员会呈请核拨迁址搬迁费一十三万二千元一案，该款拟准在本年度第三〔二〕预备金科目拨支，请核示等情，请公决案。

（决议）通过。

二十五、主席交议，据会计处签呈，关于财政厅呈请追加该厅前任胡厅长交代费七十万零六千六百五十元一案，该款拟准在本年度第二预备金科目拨支，请核示等情，请公决案。

（决议）通过。

二十六、主席交议，据会计处签呈，为因应事实需要，关于国内出差每日膳宿什费支给标准，在未奉□行政院核定调整前，拟由本府先行调整，谨拟具调整办法，请提会核定等情，请公决案。

（决议）交民、财、教、建四厅及会计处审查，由财政厅约集。

二十七、委员兼民政厅长王光海提议，仁化县县长林锡熊辞职照准，遗缺拟派龚楚代理；罗定县县长缪叔民辞职照准，遗缺拟派谭启秀代理；四会县县长陈武奎另有任用，遗缺拟派罗献祥代理；惠阳县县长黄志鸿另候任用，遗缺拟派黄佩伦代理。谨检附各该员履历，请公决案。

（决议）通过。

二十八、主席交议，据会计处签呈，关于建设厅呈，为乐昌县牛瘟蔓延，请核拨旅费及制造疫苗费共二百二十一万元，以便派员前赴防治一案，该款拟准在本年度第二预备金项下开支，请核定等情，请公决案。

（决议）通过。

广东省政府第十二届委员会
第六次会议纪录

时　间　三月二十二日

出席者　薛　岳　李扬敬　王光海　区芳浦　张　建　谢文龙
　　　　黄范一　吴逸志　陆匡文　肖次尹　黄　晃

公出者　韩汉英

缺席者　香翰屏

列席者　黄国梁　毛松年　朱润深　黄秉勋　郭汉鸣　段辅尧

主　席　薛　岳

纪　录　苏旭升　郭俊驹

宣读第五次会议纪录。

报告事项

一、秘书处报告，关于梅县锦屏乡人民余××等因领采煤矿妨害农田水利事件不服本府建设厅处分，提起诉愿一案，查本案大利各塘经划出矿区界外，至冷水坑一地，坑流短小，水田无多，且距离矿区尚远，人子石地方，系已撤销之续组公司矿区范围，前开采数十年，从无人提出抗议，今遽行反对，自难认为有理，应予驳回，经依法拟具决定书，并签准如拟办理。

二、秘书处报告，奉交下会计处签呈，关于物资调节委员会电，以燃料供销委员会，前向中央银行广州分行（51）号特别透支户，透支之一千六百四十万元，应还本息共二千二百八十万零七千元，已经清还，请核备一案，拟列报会议后存查，请核示等情，并奉准如拟办理。

三、秘书处报告，奉交下会计处签呈，以本府由本年二月十日起至三月五日止，专案核定在三十八年度省预算各科目动支各项费用，而每案未达提会标准者共计四万二千零七元六角，谨汇列清表，请补报会议等情，并奉准如拟办理。

四、秘书处报告，奉交下建设厅呈，据公路局呈，以比照中国银行港汇牌价，调整公路汽车运价为货运每吨公里九百零七元，客运每客公里九十八元，由本年三月十一日起实行，请核准前来，核尚适合，经权予照准，谨报请察核等情，并奉准如拟办理。

讨论事项

一、主席交议，据地政局签呈，为拟具币制改革后规定地价，及征收土地税费补充办法广东省实施细则草案，及各县市局物价指数统计表，暨计算土地税实例，请核示等情，请公决案。

（决议）交黄晃委员及财政厅、建设厅、地政局、田粮处、会计处审查，由黄委员约集。

二、主席交议，据设计考核委员会签呈，为拟定本省各县市局长三十八年度考绩、工作成绩百分比总标准及分标准，请提会决定施行等情，请公决案。

（决议）修正通过。

三、主席交议，据绥靖经费计核委员会签呈，以夏天将届，雨季来临，省保安各部队士兵雨帽草蓆极形缺乏，亟待急用，请拨款制发等情，请公决案。

（决议）通过，先由省银行垫付。

四、主席交议，据绥靖经费计核委员会签呈，以省保安各部队枪械皮附件库无存余，甚为缺乏，请拨款制发等情，请公决案。

（决议）通过，先由省银行垫付。

五至六、（略）

七、主席交议，据会计处签呈，关于财政厅呈请核拨本年度支付书印刷费五十二万五千元一案，该款拟在三十八年度省预算第二预备金科目开支，请核示等情，请公决案。

（决议）通过。

八、主席交议，据会计处签呈，关于建设厅转请核拨无线电总台前任黄总台长交代办公费及留办交代人员薪津公粮一案，拟议意见请核示等情，请公决案。

（决议）通过。

九、主席交议，据会计处签呈，关于省级各机关人员公费，拟照二月份标准三倍暂发，除应在原经费内列支外，计尚需一千六百七十二万元，该款可否援案仍饬省银行借垫，请提会核定等情，请公决案。

（决议）通过。

十、主席交议，据会计处签呈，关于赤溪县三十七年上半年度地方岁入岁出第一次追加预算一案，经核编完竣，岁入岁出计各列国币四亿六千六百五十四万九千元，请核定等情，请公决案。

（决议）通过。

十一、主席交议，据会计处签呈，关于阳江县三十七年下半年度地方岁入岁出总预算一案，经核编完竣，岁入岁出计各列金圆券九十七万四千七百五十一元，请核定等情，请公决案。

（决议）通过。

十二、主席交议，据会计处签呈，关于英德县三十七年下半年度地方岁入岁出总预算一案，经核编完竣，岁入岁出计各列金圆券二十九万七千一百二十九元，请核示等情，请公决案。

（决议）通过。

十三、主席交议，据会计处签呈，关于遂溪县三十七年下半年度地方岁入岁出总预算一案，经核编完竣，岁入岁出计各列金圆券九万八千三百五十七元，请核定等情，请公决案。

（决议）通过。

十四、主席交议，据会计处签呈，关于化县三十七年下半年度地方岁入岁出总预算一案，经核编完竣，岁入岁出计各列金圆券二十五万七千七百八十五元，请核定等情，请公决案。

（决议）通过。

十五、主席交议，据会计处签呈，关于花县三十七年下半年度地方岁入岁出总预算一案，经核编完竣，岁入岁出计各列金圆券二十七万四千二百零三元，请核定等情，请公决案。

（决议）通过。

十六、主席交议，据会计处签呈，关于河源县三十七年下半年度地方岁入岁出总预算一案，经核编完竣，岁入岁出计各列金圆券二十万零一千九百二十六元，请核定等情，请公决案。

（决议）通过。

十七、主席交议，据会计处签呈，关于番禺县三十七年下半年度地方岁入岁出总预算一案，经核编完竣，岁入岁出计各列金圆券一百一十万零四千六百元，请核定等情，请公决案。

（决议）通过。

十八、萧、王、吴、陆、黄、黄六委员会提，奉交研议裁撤清剿区，加强专保公署权责一案，遵经约集有关机关迭次商讨，拟具本府加强专保公署权责办法草案，及修正专保公署编制表，是否有当，请公决案。

（决议）修正通过。专保公署由四月十六日照新编制施行，清剿区于四月十五日撤销，除第十清剿区员兵资遣外，余均拨入有关专保公署编配。

十九、主席交议，准省保安司令部拟送广东省保安司令部统一各县（市）保安营人事处理办法，请提会核定等由，请公决案。

（决议）修正通过。

二十、（略）

广东省政府第十二届委员会
第七次会议纪录

时　　间　三月二十五日
地　　点　本府会议厅
出席者　　薛　岳　李扬敬　王光海　区芳浦　张　建　谢文龙
　　　　　黄范一　吴逸志　陆匡文　肖次尹　黄　晃
缺席者　　香翰屏
列席者　　黄国梁　毛松年　朱润深　黄秉勋　郭汉鸣　段辅尧
主　　席　薛　岳
纪　　录　苏旭升　郭俊驹
宣读第六次会议纪录。

报告事项

一、主席报告，本省第六区行政督察专员兼保安司令曾举直翻车受伤，请辞本兼各职，经予照准，遗缺权派李洁之代理，除呈请行政院核派外合报请备查。

二、秘书处报告，奉交下建设厅呈，以据公路局呈，拟自三月十一日起调整养路费为货车每吨公里一百二十三元，大客车每车公里一百七十五元，中客车一百二十三元，小客车七十元；监理费调整为货车每吨公里三十三元，大客车每车公里五十元，中客车三十三元，小客车二十三元；汽车渡河费征收率调整为甲等渡每车每次一万零五百元，人兽力车每车每次三千七百五十元，乙等渡每车每次五千二百五十元，人兽力车每车每次一千七百元，请核准前来。核尚适合，经权予照准，谨报请察核等情，并奉准如拟办理。

三、民政厅、财政厅、教育厅、建设厅、秘书处、会计处、卫生处、田赋粮食管理处、地政局、设计考核委员会报告一周办理重要工作。

讨论事项

一、主席交议，据会计处签呈，关于合作事业管理处王处长呈请核拨该处员役遣散费及公粮一案，拟议意见请核示等情，请公决案。

（决议）通过。

二、主席交议，据会计处签呈，关于秘书处呈请核拨本府汽油费二百六十万元，以便归还省银行一案，该款拟在本年度第一预备金科目拨支，请核定等情，请公决案。

（决议）通过。

三、主席交议，据会计处签呈，关于本府前着省银行再垫付广东日报社四十万元一案，该款拟在本年度第二预备金科目开支，拨还该行归垫，请核示等情，请公决案。

（决议）通过。

四、主席交议，据会计处签呈，以本府三十八年度施政计划纲要印刷费，经由秘书处派员估价，计需一十八万四千元，该款拟在本年度第一预备金科目拨支，请核示等情，经准予照办，请追认案。

（决议）追认。

五、主席交议，据会计处签呈，关于连南、乐东、保亭、白沙等四县三月份员役长警薪饷及副食费，拟照规定标准援案予以增加补助，计三至十二月份共需一千三百三十四万五千六百元，款在本年度贫瘠县份补助费科目拨支请核示等情，经准予照办，请追认案。

（决议）追认。

六、主席交议，据会计处签呈，关于四会县三十七年下半年度地方岁入岁出总预算一案，经核编完竣，岁入岁出计各列金圆券四十五万二千七百五十四元，请核定等情，请公决案。

（决议）通过。

七、委员区芳浦函复，奉交约集指定人员，审查省保安司令部三十八年一、二月份会计总报告一案，经会同审查完竣，列具意见，请公决案。

（决议）照审查意见通过。

八、主席交议，据会计处签呈，关于省立高级护士助产职业学校不敷迁址搬运及修缮费一百八十八万八千元，经由财政厅遵案向省银行透支，该款拟在本年度新兴事业费科目拨还归垫，请核示等情，请公决案。

（决议）通过。

九、主席交议，据民、财、教、建四厅及会计处会签，奉交审查调整国内出差每日膳宿什费支给标准一案，遵经会同审查完竣，谨列具意见，请核示等情，请公决案。

（决议）（一）出差旅费暂照审查意见第一项办理。（二）三月份各机关临时费增至六倍，增加之款在本年度预备金项下开支。

十、主席交议，据田粮处签呈，拟根据各县截至三月二十一日所报中谷市价，重行调整本省各县三十七年度折价田赋折征标准，自四月一日起实施，请核示等情，请公决案。

（决议）通过。

十一、主席交议，据财政厅、会计处会签，奉交审核本省政治干部训练班概算书一案，经审查完竣，谨列具意见请核示等情，请公决案。

（决议）（一）薪饷照编制发给。（二）经临费及薪饷在裁并机构节余项下移用，不敷之数在预备金项下开支。（三）事业费按期支付，款在新兴事业费项下开支。（四）经临费均由四月一日开始拨付。（五）开办费照会计处附签意见第四项办理。

十二、主席交议，据绥靖经费计核委员会签呈，以省保部新成立五个师之野战医院，及师属卫生队，所需医疗器械除由卫生处补助外，不足品量仍多，请核拨等值港币九千九百二十九元五角之金圆券购发等情；经准着省银行照数垫付，请追认案。

（决议）追认。

十三、主席交议，据绥靖经费计核委员会签呈，为便利保安部队行军剿匪起见，拟制补士兵佩用炒米袋六千条，请核拨等值港币二万一千七百一十一元五角之金圆券办理等情，经准着实业公司照数垫付，请追认案。

（决议）追认。

十四、主席交议，据绥靖经费计核委员会签呈，以保安部队夏季电池亟须筹补，请核拨等值港币二万四千三百八十七元之金圆券购办等情；经准着银行照数垫付，请追认案。

（决议）追认。

广东省政府第十二届委员会
第八次会议纪录

时　间	四月一日
地　点	本府会议厅

出席者　薛　岳　李扬敬　王光海　区芳浦　张　建　谢文龙
　　　　　黄范一　吴逸志　陆匡文　肖次尹　黄　晃

公出者　韩汉英

缺席者　香翰屏

列席者　黄国梁　毛松年　朱润深　黄秉勋　郭汉鸣　段辅尧

主　席　薛　岳

纪　录　苏旭升　郭俊驹

宣读第七次会议纪录。

报告事项

一、秘书处报告，关于蕉岭县兴福乡西山村灌溉生产合作社曾××等因引水灌田纠纷事件不服蕉岭县政府处分，提起诉愿一案，查本案系属水利行政，原处分官署职兼水利机构，因诉愿人之呈诉而受理之，于法实非无据，至诉愿人续呈以案属司法，请将案连同缴证移送法院讯办，自可依法定手续办理，无须乎原处分官署将全案移送，应予驳回，经依法拟具决定书并签准如拟办理。

二、秘书处报告，奉交下建设厅呈，以据长途电话所呈，为安定员工生活，拟仿照广州市自动电话管理处及各县电话所课收用户月费办法，将入机用户月费改为甲种课收中米十五市斤，乙种十市斤，丙种七市斤，按当地每月十五日中米价折合金圆券计收，自本年三月份起实行，请核准前来，核尚可行，经权予照准，谨报请察核等情，并奉准如拟办理。

三、秘书处报告，奉交下建设厅呈，据公路局呈，以根据中国银行港汇牌价调整公路汽车运价为货运每吨公里一千五百四十八元，客运每客公里一百六十七元，由三月二十一日起实行，请核准前来，核尚适合，经权予照准，谨报请察核等情，并奉准如拟办理。

四、秘书处报告，关于本府委员会第二次会议通过简化机构一案，所附本处新闻室编制置专员五至七人，等级为聘任，惟该室专员系属编制内人员，与普通职员无异，若用聘任似于体制不符，兹拟：（一）该室专员一律改聘为派。（二）原编制等级修正为荐任待遇。又备考栏内"荐任待遇"四字删去，当经签准如拟办理。

五、秘书处报告，奉交下沙田整理处签呈，为依据沙田各费折价征收办法规定，及省田粮处本年三月二十一日至二十四日粮价，核定中山、新会、东莞、番禺等县本年四月上半月份沙田补价为每稻谷一百市斤，按二万六千元折算，地籍整理各费为每稻谷一百市斤，按二万九千元折算，除分饬遵照外，谨报请核备等情，并奉准如拟办理。

六、秘书处报告，奉交下会计处签呈，关于本省三十八年度省级各机关分配预算编制办法，规定特别活支费及员工医药补助费两科目流用数额标准，三月份经核定照二月份标准增加三倍，现查三月份生活指数经中央核定，兹拟将该两科目流用数额，自三月份起照二月份标准提高至二十倍，以资适应，请核示等情，并奉准如拟办理。

七、民政厅、财政厅、教育厅、建设厅、秘书处、会计处、卫生处、田赋粮食管理处、地政局、设计考核委员会报告一周办理重要工作。

讨论事项

一、主席交议，准海南特区行政长官公署函，请由四月一日起，拨助该署旅团暨直属部队经粮等由，请公决案。

（决议）（一）四、五两月份经费军粮照会计处附签数目垫借。（二）四月份经费由省银行垫付。（三）四月份军粮由田粮处在划拨存琼之省粮项下垫支。（四）待遇标准如有调整时照申计。（五）电请中央拨还归垫。

二、主席交议，据会计处签呈，关于建设厅转缴长途电话所三十七年上半年度营业报告及决算一案，谨拟议意见签请核示等情，请公决案。

（决议）通过。

三、主席交议，据卫生处签呈，拟将本处一德路原址变卖，将款建设卫生中心区，请核示等情，请公决案。

（决议）通过。

四、主席交议，准省保安司令部拟送本省保安部队军官佐属任职暂行办法，请提会核定等由，请公决案。

（决议）修正通过。

五、主席交议，据会计处签呈，关于国大代表广东省选举事务所电请拨发灵山县重选国大代表经费一十九万零一百三十九元一案，该款拟在本年度第一预备金科目拨支，作为补助县经费，请核示等情，请公决案。

（决议）通过。

六、主席交议，据会计处签呈，关于农业推广委员会电请提案增拨该会督导处二月份办公费及交通费一案，拟准自二月份起增拨，款暂先在三十八年度新兴事业费项下按月垫付，请核示等情，请公决案。

（决议）通过。

七、主席交议，据教育厅签呈，以省立执信女子中学等校房舍破损，请拨发修建费等值港币六万八千元之金圆券办理等情，请公决案。

（决议）通过，款在本年度新兴事业费项下开支，先由实业公司垫付。

八、主席交议，据秘书处呈，请拨还招待来穗开会之国军各师及保安各师团长费用二百一十万九千四百四十五元一案，该款经饬据会计处签拟，在本年度第一预备金科目开支，并准予照办，请追认案。

（决议）追认。

九、主席交议，据会计处签呈，以该处股长金海在职病逝，拟援例发给殓葬费一十万五千元，款在本年度第一预备金项下开支，请核示等情，经准予照办，请追认案。

（决议）追认。

十、主席交议，据会计处签呈，关于感恩县三十七年下半年度地方岁入岁出总预算一案，经核编完竣，岁入岁出计各列金圆券八万七千五百二十四元，请核定等情，请公决案。

（决议）通过。

十一、委员兼民政厅长王光海提议，本厅第一科科长叶柱准辞职经予照准，遗缺拟派赵贶予代理，检同该员履历，请公决案。

（决议）通过。

十二、主席交议，据财政厅签呈，奉交审核会计处签拟，实业公司垫付保部子弹价款及保安经费一案，谨拟议意见，请核示等情，请公决案。

（决议）照会计处签呈办理。

十三、主席交议，据沙田整理处签呈，为各县沙田补价及地籍整理费折价征收，拟暂予授权县处机动调整，请核示等情，请公决案。

（决议）通过。

十四、主席交议，据会计处签呈，关于秘书处呈，拟修改本府及该处各办公处所，请拨款办理一案，计需九百五十八万一千四百元，该款拟在本年度第一预备金科目开支，请核示等情，请公决案。

（决议）通过。

十五、主席交议，据会计处签呈，关于海南特区行政长官公署函请将本年度本府应拨海南各级机构公粮照旧拨付一案，谨拟议意见，请核示等情，请公决案。

（决议）（一）将原第九行政区所属各县征存省粮，全数拨交海南特区行政长官公署接收配用。（二）原发驻琼省级机关学校电台等经临费，及乐东、保亭、白沙三县补助费，均按月计发至本年底止，其公粮在第一项统筹支配。

十六、委员兼教育厅长张建提议，为安定本省省立专上学校教师生活，拟酌予发给教师研究补助费，计月需稻谷三百四十八市石四斗，请准在省粮项下拨给，是否有当，请公决案。

（决议）通过。自本年一月份起发给。

十七、吴、萧、黄、王、陆、黄六委员会提，为适应当前治安需要及便利督察县政起见，拟暂将本省行政督察区重新划分，附拟划分区图两种及专保公署编制表，是否可行，请公决案。

（决议）（一）照附图二及编制表修正通过。（二）第一至第八及第十清剿区于四月底撤销。（三）本案于五月一日起实行。

十八、主席交议，关于价发四月份省级机关学校员工长警食粮一案，经饬由财政厅、会计处、田粮处会商办法签核前来，请公决案。

（决议）通过。

十九、委员兼民政厅长王光海提议，宝安县县长陈树英免职，遗缺拟派张志光代理；云浮县县长阮君慈辞职照准，遗缺拟派李少白代理；阳江县县长关巩免职，遗缺拟派甘清池代理；防城县县长陈锦君另有任用，遗缺拟派陈享垣代理。谨检附各该员履历，请公决案。

（决议）通过。

广东省政府第十二届委员会
第九次会议纪录

时　间　四月八日
地　点　本府会议厅
出席者　薛　岳　李扬敬　王光海　区芳浦　张　建　谢文龙

黄范一　吴逸志　陆匡文　肖次尹　黄　晃

公出者　韩汉英

缺席者　香翰屏

列席者　黄国梁　毛松年　朱润深　黄秉勋　段辅尧　郭汉鸣
（李振代）

主　席　薛　岳

纪　录　苏旭升　郭俊驹

宣读第八次会议纪录。

报告事项

一、秘书处报告，奉交下建设厅呈，据长途电话所呈，拟自三月十日起，比照交通部调整通话价率，将各段分所站话价调整，并拟今后参照交【通】部调整话价同时调整，检具调整价目表，请核准前来。查调整话价均未超过部定价率，至今后拟参照交通部调整话价同时调整，以谋收支平衡，亦属需要，除权准照办外，谨报请察核等情，并奉准如拟办理。

二、民政厅、财政厅、教育厅、建设厅、秘书处、会计处、卫生处、田赋粮食管理处、地政局、设计考核委员会报告一周办理重要工作。

讨论事项

一、主席交议，准省参议会函送该会第一届第四次大会通过，关于该会故参议员邹武、苏大德、张民三遇难殉职，请从优抚恤一案，嘱办理见复等由，请公决案。

（决议）转内政部请从优抚恤。

二、主席交议，据财政厅呈，以各县市局无线电分台本年一、二、三月份员工薪饷，经改在第二预备金项下按月签拨，以后仍请援案办理等情，请公决案。

（决议）通过。

三、主席交议，据会计处签呈，关于秘书处呈，以印制本府三十八年度施政计划纲要，除前奉拨款外，计不敷印刷费一十八万四千元，请追加拨付一案，该款拟在本年度第二预备金项下开支，请核示等情，请公决案。

（决议）通过。

四、主席交议，据会计处签呈，关于第九区专保公署电请核拨该署结束费一案，拟援案在本年度第二预备金项下，拨发结束经费共二百五十三万一千六百元，并准照三月份标准价领公粮八市石，请核示等情，经准予照办，请追认案。

（决议）追认。

五、主席交议，据绥靖经费计核委员会签呈，请核拨省保安部队四至六月份草鞋费，等值港币九万二千二百七十八元五角之金圆券，以便发给等情，经准着省银行照数垫付，请追认案。

（决议）追认。

六、主席交议，据绥靖经费计核委员会签呈，拟制发省保安部队士兵配用腰皮带二万五千条，请核拨等值港币二万二千元之金圆券办理等情，经准着省银行照数垫付，请追认案。

（决议）追认。

七、主席交议，据会计处签呈，关于本省党政军干部联席会议电请依照三月份标准，增拨该会议秘书处留办结束人员薪资及办公费一案，计共应补拨一百二十八万八千八百元，款在本年度第二预备金科目拨支，请核示等情，经准予照办，请追认案。

（决议）追认。

八、主席交议，据会计处签呈，关于阳江县三十七年上半年度地方岁入岁出第二次追加预算一案，经核编完竣，岁入岁出计各列国币二亿一千零四十四万五千元，请核定等情，请公决案。

（决议）通过。

九、主席交议，据会计处签呈，关于博罗县三十七年下半年度地方岁入岁出第一次追加预算一案，经核编完竣，岁入岁出计各列金圆券二十万三千八百四十一元，请核定等情，请公决案。

（决议）通过。

十、主席交议，据会计处签呈，关于海丰县三十七年下半年度地方岁入岁出第一次追加预算，经核编完竣，岁入岁出计各列金圆券二十八万四千六百六十元，请核示等情，请公决案。

（决议）通过。

十一、主席交议，据会计处签呈，关于仁化县三十七年上半年度地方岁入岁出第一次追加预算一案，经核编完竣，岁入岁出计各列【国币】六千三百一十八万元，请核定等情，请公决案。

（决议）通过。

十二、委员兼民政厅长王光海提议，拟修正本厅救济院、妇女习艺院、育幼院、实验托儿所等组织规程，请公决案。

（决议）照秘书处附签通过。

十三、委员兼财政厅长区芳浦提议，为订定广东省各县市（局）屠宰税征收实物办法草案，是否可行，请公决案。

（决议）通过。

十四、主席交议，据卫生处呈，拟派王乃健代理本处技正，检同该员履历，请核示等情，请公决案。

（决议）通过。

十五、委员兼民政厅长王光海提议，拟派王庆麟代理本厅视察，检同该员履历，请公决案。

（决议）通过。

十六、主席交议，据田粮处签呈，拟议四、七、八三区各县征存三十五、三十六年度国省粮处理办法，请核示等情，请公决案。

（决议）（一）照案通过。（二）亏空挪用部分严行追究，损失部分逐案严核。（三）历年各县市局亏空挪用损失赋谷同样办理。

十七、主席交议，据财政厅签呈，奉交审查田粮处签呈，以本年度省粮运输旅什费请以实物拨付一案，遵经约集指定机关派员商讨，谨将会商结果签请核示等情，请公决案。

（决议）照财政厅签呈通过。

十八、主席交议，据会计处签呈，以本年度第一、二预备金及新兴事业费科目余额无多，在总预算未奉中央核定前，拟将各该科目分别增列，以资适应，请核示等情，请公决案。

（决议）通过。

十九、主席交议，据会计处签呈，拟议提高各机关请求动支预备金及新兴事业费科目，应报提会数额，请核示等情，请公决案。

（决议）通过。

二十、主席交议，据会计处签呈，以四月七日中等稻谷价，较三月份标准谷价每市石一万五千元约涨至五倍，关于各机关四月份经临费，应否比照计增，及如何筹支之处，请核示等情，请公决案。

（决议）除保安部分并人第二十七案办理外，余照签拟通过，款由实业公司垫支。

二十一、主席交议，据会计处签呈，以国内出差每日膳宿什费支给标准，经奉行政院电知调整，拟照中央通案办理，请核示等情，请公决案。

（决议）通过。

二十二、主席交议，据会计处签呈，关于秘书处呈请拨款一千二百万元以清还省银行垫借本府汽油费一案，该款拟准在本年度第一预备金项下拨支，请核示等情，请公决案。

（决议）通过。

二十三、主席交议，据田粮处签呈，拟议海南各县征存省粮移交办法，请核示等情，请公决案。

（决议）通过。

二十四、主席交议，据会计处签呈，拟议省级各机关学校主管人员本年三月份公费发给意见，请核定等情，请公决案。

（决议）（一）原签一、五两项除助教外余照发。（二）公教人员支领公费均以专任为限。（三）款由实业公司垫付。

二十五、主席交议，据会计处签呈，以三月份公教人员待遇经奉令调整，关于本省公费生三月份副食费，在未奉中央调整前，拟照元月份标准推算予以补拨，款先在文职人员薪饷项下暂垫，请核定等情，请公决案。

（决议）通过。

二十六、主席交议，据会计处签呈，以本省收容人副食费自二月份起迄未奉中央调整，为维持收容人副食起见，拟照元月份标准推算予以补拨，款先在文职人员薪饷项下垫支，请核定等情，请公决案。

（决议）通过。

二十七、（略）

广东省政府第十二届委员会
第十次会议纪录

时　　间　四月十二日
地　　点　本府会议厅
出席者　薛　岳　李扬敬　王光海　区芳浦　张　建　谢文龙
　　　　黄范一　吴逸志　陆匡文　肖次尹　黄　晃
公出者　韩汉英
缺席者　香翰屏
列席者　黄国梁　毛松年　朱润深　黄秉勋　郭汉鸣　段辅尧
主　　席　薛　岳
纪　　录　苏旭升　郭俊驹

宣读第九次会议纪录。

报告事项

一、主席报告，本省行政督察区经第八次委员会议重新划分为十五个，区专保公署编制表亦同时修正通过在案，兹权派欧阳磊、廖鸣欧、薛汉光、韩建勋、李楚赢、黄志鸿、邓挥、莫希德、李洁之、李江、莫福如、谭启秀、刘其宽、董煜、谭朗星等十五员，分别代理本省第一、二、三、四、五、六、七、八、九、十、十一、十二、十三、十四、十五区行政督察专员兼保安司令，除令派外，合报请备查。

二、秘书处报告，奉交下建设厅呈，据长途电话管理所呈，以交通部电信局各地长途通话，经于三月十一日起，将原订价目增加一倍计收，该所各线话价拟参照调整，自三月二十日起实行，检具调整价目表，请核准前来，查所拟调整话价尚未逾部增价率，经权准照办，谨报请察核等情，并奉准如拟办理。

三、秘书处报告，奉交下建设厅呈，据公路局呈，以根据中国银行港汇牌价调整公路汽车运价为货运每吨公里三千三百元，客运每客公里三百五十元，自四月一日起实行，请核准前来，核尚适合，经权予照准，谨报请察核等情，并奉准如拟办理。

四、秘书处报告，奉交下会计处签呈，关于教育厅呈缴三十七年下半年度追加省校修建设备费及追减公费生副食费预算，请核示一案，查历年来各学校公费生副食费节余，移为同年度各该校修建设备费，均予照准办理有案，本案所呈追加追减预算，拟援案准予照办，请核示等情，并奉准如拟办理。

五、秘书处报告，奉交下民政厅签呈，以准国防、内政部电，以各省视实际需要酌情设立区乡镇兵役协会，其组织规程，由各省参酌院颁兵役协会组织规程自行订定报备等由，经依照拟订广东省各县兵役协会乡（镇）分会组织规程，请核定颁行后报会议等情，并奉准如拟办理。

讨论事项

一、主席交议，据会计处签呈，关于财政厅呈请核拨该厅经管惠爱中路三十九号之铺诉讼费用一百四十万元一案，该款拟在本年度新兴事业费项下开支，请核示等情，请公决案。

（决议）通过。

二、主席交议，据会计处签呈，关于本府补助学运小组三、四月份经费，共一百二十万元一案，该款拟在本年度第一预备金科目拨支，请核示等情，经准予照办，请追认案。

（决议）追认。

三、主席交议，据本省绥靖经费计核委员会呈，以省保安部队步号及士兵面巾甚为缺乏，请核拨等值港币四万四千七百二十五元之金元券制发等情，经准着省银行照数垫付，请追认案。

（决议）追认。

四、主席交议，据本省绥靖经费计核委员会呈，以省保安部队士兵配用包袱皮甚为缺乏，拟制发三万张，计需布价款及染制工资，等值港币共三万二千六百三十六元八角八分之金元券，请拨款办理等情，经着实业公司照数垫付，请追认案。

（决议）追认。

五、委员黄晃函复，奉交审查地政局签拟，币制改革后，规定地价及征收土地税费补充办法广东省实施细则一案，经约集指定机关派代表会同审查完竣，谨列具意见，请公决案。

（决议）照审查意见通过。

六、主席交议，据会计处签呈，关于佛冈县三十七年上半年度地方岁入岁出第一次追加预算一案，经核编完竣，岁入岁出计各列国币三亿九千二百七十九万九千元，请核定等情，请公决案。

（决议）通过。

七、委员兼财政厅长区芳浦提议，拟派伍新三代理本厅第一科科长，谨检附该员履历，请公决案。

（决议）通过。

八、委员兼建设厅长谢文龙提议，拟派严桂庄代理本厅视察，谨检附该员履历，请公决案。

（决议）通过。

九、委员兼建设厅长谢文龙提议，拟派蔡瑞占代理本厅公路局工程司兼督察室主任，谨附该员履历，请公决案。

（决议）通过。

十、委员兼建设厅长谢文龙提议，拟派文士弘代理本厅公路局正工程司，谨检附该员履历，请公决案。

（决议）通过。

十一、委员兼建设厅长谢文龙提议，拟派钟灵代理本厅公路局副工程司，谨检附该员履历，请公决案。

（决议）通过。

十二、王、区、张、谢、萧、黄、黄七委员等会复，奉交审查民政厅拟议，修正县政府编制健全县政府组织意见一案，经会同审查完竣，谨列具意见，请公决案。

（决议）照审查意见通过，自五月一日起实行。

十三、委员兼民政厅长王光海提议，为提高行政效率促进地方自治起见，谨拟具修正县各级机构编制表，暨县级人员待遇标准及实施意见，是否可行，请公决案。

（决议）通过，自七月一日起实行。

十四、（略）

十五、委员黄晃提议，以中国农村复兴联合委员会拨款过少，为遵行本府紧缩机构原则起见，拟议将本省农业推广委员会督导处裁并农林处，意见是否有当，请公决案。

（决议）修正通过。

十六、委员兼民政厅长王光海提议，揭阳县县长潘汉逵另有任用，遗缺拟派何宝书代理；饶平县县长詹竞烈辞职照准，遗缺拟派洪之政代理。谨附各该员履历，请公决案。

（决案）通过。

广东省政府第十二届委员会
第十一次会议纪录

时　间　四月十五日

地　点　本府会议厅

出席者　薛　岳　李扬敬　王光海　区芳浦　张　建　谢文龙
　　　　黄范一　吴逸志　陆匡文　肖次尹　黄　晃

公出者　韩汉英

缺席者　香翰屏

列席者　黄国梁　毛松年　朱润深　黄秉勋　郭汉鸣　段辅尧

主　席　薛　岳

纪　录　苏旭升　郭俊驹

宣读第十次会议纪录。

报告事项

一、秘书处报告，关于揭阳县人民黄××等及该县公安乡第十、十一、十二、十三保联立国民学校基金保管委员黄××等因不服揭阳县政府将东门横渡收归公有及准溪口村创设义渡之处分，提起诉愿一案，查本案除东门横渡收归公有部分，经原处分官署撤销，应不予受理外，至溪口村创设义渡案关公共交通，政府自有权衡，不容诉愿人藉口影响收入而不服，应予驳回，经依法拟具决定书，并签准如拟办理。

二、秘书处报告，奉交下建设厅呈，据公路局呈，拟由四月一日起，将公路汽车养路费调整为货车每吨公里四百三十元，大客车每车公里六百一十三元，中客车四百三十元，小客车二百四十五元；监理费调整为货车每吨公里一百一十六元，大客车每车公里一百七十五元，中客车一百一十六元，小客车八十一元；渡车费调整为甲等渡汽车每车每次三万六千七百五十元。人兽力车一万三千一百二十五元，乙等渡汽车一万八千三百七十五元，人兽力车五千九百五十元，查尚适合，经权准照办，谨报请察核等情，并奉准如拟办理。

三、民政厅、财政厅、教育厅、建设厅、秘书处、会计处、卫生处、田赋粮食管理处、地政局、设计考核委员会报告一周办理重要工作。

讨论事项

一、主席交议，据会计处签呈，关于无线电总台黄前总台长呈请依照三月份标准增拨交代经费一案，计共应补拨二百七十万五千四百二十元，款在本年度第一预备金项下开支，请核示等情，请公决案。

（决议）通过。

二、主席交议，据会计处签呈，关于各县收容人副食费为免受物价波动影响，拟准比照囚犯副食费支给标准每月每名发稻谷十五市斤，照发放时之前一日当地中等稻谷市价折发金圆券，请核示等情，请公决案。

（决议）通过。

三、主席交议，据会计处签呈，拟修正改善各县市局警察及自卫队官兵待遇办法第二条条文，请核夺等情，请公决案。

（决议）通过。

四、主席交议，据会计处签呈，关于蕉岭县三十七年下半年度地方岁入岁出第一次追加预算一案，经核编完竣，岁入岁出计各列金圆券四万四千九百三十九元，请核定等情，请公决案。

（决议）通过。

五、主席交议，据会计处签呈，关于饶平县三十七年下半年度地方岁入岁出第一次追加预算一案，经核编完竣，岁入岁出计各列金圆券一十六万八千六百元，请核定等情，请公决案。

（决议）通过。

六、委员兼民政厅长王光海提议，本厅主任秘书李蔚辞职，经予照准，遗缺拟派张尔超代理，谨检附该员履历，请公决案。

（决议）通过。

七、委员兼教育厅长张建提议，本厅第五科科长黄国俊经调充第一科科长，遗缺拟派张乾昌代理，谨检附该员履历，请公决案。

（决议）通过。

八、委员兼建设厅长谢文龙提议，拟派龙超代理本厅第六科科长，谨检附该员履历，请公决案。

（决议）通过。

九、委员兼建设厅长谢文龙提议，拟派蓝永清代理本厅荐任主任科员，谨检附该员履历，请公决案。

（决议）通过。

十、委员兼建设厅长谢文龙提议，拟派何广鑐、蔡祖鎏、梁齐高代理本厅公路局帮工程司，岑藻新、谭兆泉、伍耀荣代理公路局副工程司，谨检附各该员履历，请公决案。

（决议）通过。

十一、主席交议，据会计处签呈，关于建设厅转请核拨合作事业管理处办理结束经费及留办结束人员薪津公粮一案，计办公费及薪俸共二百三十二万四千元，款在本年度第一预备金项下开支，并准价领公粮一个月，请核示等情，经准予照办，请追认案。

（决议）追认。

十二、主席交议，据会计处签呈，关于秘书处呈请核拨本府负担粤穗各界公祭革命先烈经费三十万元一案，该款拟准在本年度第一预备金项下拨支，请核示等情，经准予照办，请追认案。

（决议）追认。

广东省政府第十二届委员会
第十二次会议纪录

时　间　四月十九日
地　点　本府会议厅
出席者　薛　岳　李扬敬　王光海　区芳浦　张　建　谢文龙
　　　　黄范一　韩汉英　吴逸志　陆匡文　肖次尹　黄　晃
缺席者　香翰屏
列席者　黄国梁　毛松年　朱润深　黄秉勋　郭汉鸣　段辅尧
主　席　薛　岳
纪　录　苏旭升　郭俊驹
宣读第十一次会议纪录。

报告事项

一、主席报告，新划本省第一、二、七、十各区专保公署驻在地，为适应现实需要起见，拟将第一区专署暂设在番禺县之江村圩，第二区专署暂留驻惠阳县城，第七区专署暂设在潮阳县城，第十区专署改设在台山县之新昌镇，合报请备查。

讨论事项

一、主席交议，据田粮处签呈，关于前会议通过第七、八两区各县及第四区海陆丰两县征存三十五、三十六年度国省粮处理办法一案，其中规定先与省保部、财政厅兑拨保安部队或省级机关学校经费部分之兑拨手续，经约集会议商讨，谨检呈纪录请核示等情，请公决案。

（决议）通过。

二、主席交议，据会计处签呈，以本省行政督察区重新划分后，计有一、八两区专署应行移交，拟援案发给留办交代办公费及交代人员薪俸，并准价领公粮一个月，请核示等情，请公决案。

（决议）通过。

三、主席交议，据会计处签呈，关于卫生处呈请增拨省立高级护士助产职业学校迁址搬运及校舍修缮费用一案，拟准增拨二千七百九十四万元，款在本年度新兴事业费科目拨支，请核示等情，经准予照办，请追认案。

（决议）追认。

四、委员兼民政厅长王光海提议，为适应目前情势需要，各县市局之乡镇保甲长拟暂仍采用圈委办法，以利治安，请公决案。

（决议）通过。

五、主席交议，据会计处签呈，关于连山县三十七年上半年度地方岁入岁出第二次追加预算一案，经核编完竣，岁入岁出计各列国币九亿二千五百二十万元，请核定等情，请公决案。

（决议）通过。

六、主席交议，据会计处签呈，关于台山县三十七年下半年度地方岁入岁出第一次追加预算一案，经核编完竣，岁入岁出计各列金圆券七十八万九千七百三十九元，请核定等情，请公决案。

（决议）通过。

七、主席交议，据财政厅签呈，关于番禺县政府电请抚恤该县故中队长郝英杰，及仁化县政府电请抚恤该县故乡长兼大队长曾仁厚两案，应如何给恤，请核示等情，请公决案。

（决议）照会计处附签办理。

八、主席交议，据会计处签呈，关于田粮处呈，拟派员抽查中山县三十七年度征实粮串，请核拨旅费三百一十四万八千元一案，该款拟准在本年度第一预备金科目开支，请核示等情，请公决案。

（决议）通过。由本府及财政厅、会计处各派一人前往抽查。

九、主席交议，准省保安司令部函，以于四月一日起，将警察第一、二大队及教导大队，统编为省警察总队，附拟送该总队组织规程及编制表暨经费预算，请核拨等由，请公决案。

（决议）修正通过。

十、主席交议，据会计处签呈，关于省政治干部训练班呈该班经临费分配预算，请核拨一案，拟议意见，请核示等情，请公决案。

（决议）（一）官兵待遇比照文职。（二）士兵改称公役，核定为三十名。（三）员役名额在各省级单位裁员名额内移用，经常各费在本年度第二预备金项下开支。（四）事业费另案办理。

十一、主席交议，据会计处签呈，以新划本省十五个专保公署，经定于五月一日起实施，关于各区五月份经临各费因省预算未有编列，应在何项科目拨支，请核示等情，请公决案。

（决议）（一）新设七个区开办费，各发等值港币二千元之金圆券，由省银行垫付。（二）新增之七个配属连开办费，每连各发等值港币五百元之金圆券，由省银行垫付，经粮由省保部计发。（三）原签第一至第四项在预备金项下开支，第五项公粮由省粮统筹。

十二、主席交议，据本府无线电总台签呈，以本省行政督察区经重新划分为十五个区，关于配属各区专署使用之区台，除原有八个外，为适应政务需要，拟增设七个区台，附拟增加区台机材配备表及员额编制表，请核夺等情，请公决案。

（决议）由黄副司令召集，保部通讯营营长及本府无线电总台台长统筹分配。

十三、主席交议，据民政厅呈，关于新派各区专员兼司令签请酌增各区专保公署必需人员及附属机构，暨发给军用物品与车辆一案，兹拟议意见，请核示等情，请公决案。

（决议）修正通过。

十四、主席交议，据民政厅签呈，为拟具本省各区新旧专保公署暨清剿区交接办法，请核示等情，请公决案。

（决议）修正通过。

广东省政府第十二届委员会
第十三次会议纪录

时　　间　四月二十一日

地　　点　本府会议厅

出席者　薛　岳　李扬敬　王光海　区芳浦　张　建　谢文龙
　　　　黄范一　韩汉英　吴逸志　陆匡文　肖次尹　黄　晃

缺席者 香翰屏
列席者 黄国梁　毛松年　朱润深　黄秉勋　郭汉鸣　段辅尧
主　席 薛　岳
纪　录 苏旭升　郭俊驹
宣读第十二次会议纪录。

报告事项

一、秘书处报告，奉交下建设厅呈，据公路局呈，以根据中国银行港汇牌价调整公路汽车运价为货运每吨公里九千三百二十元，客运每客公里一千零一十元，由四月十一起实行，核尚适合，经权予照准，谨报请察核等情，并奉准如拟办理。

二、秘书处报告，奉交下建设厅呈，据公路局呈，拟调整汽车养路费为货车每吨公里一千二百元，大客车每车公里一千七百二十元，中客车一千二百元，小客车六百八十六元；监理费调整为货车每吨公里三百二十五元，大客车每车公里四百九十元，中客车三百二十五元，小客车二百二十七元；渡车船费调整为甲等渡汽车每车每次一十万零二千九百元，人兽力车每车每次三万六千七百五十元，乙等渡汽车五万一千四百七十元，人兽力车一万六千六百六十元，并由四月十一日起实行，核尚适合，经权予照准，谨报请察核等情，并奉准如拟办理。

三、民政厅、财政厅、教育厅、建设厅、秘书处、会计处、卫生处、田赋粮食管理处、地政局、设计考核委员会报告一周办理重要工作。

讨论事项

一、主席交议，据本省政治干部训练班条陈，拟修正该班组织规程及编制表意见三项，请核准等情，请公决案。

（决议）通过。

二、主席交议，据会计处签呈，关于连南县呈，拟制发该县警察分队长警夏季服装，请拨款办理一案，拟议意见，请核示等情，请公决案。

（决议）通过。

三、主席交议，据会计处签呈，关于廉江县三十七年下半年度地方岁入岁出第一次追加预算一案，经核编完竣，岁入岁出计各列金圆券一万零二百六十五元，请核定等情，请公决案。

（决议）通过。

四、主席交议，据会计处签呈，关于澄海县三十七年下半年度地方岁入岁出第一次追加预算一案，经核编完竣，岁入岁出计各列金圆券一十五万六千九百五十七元，请核定等情，请公决案。

（决议）通过。

五、主席交议，据会计处签呈，关于南海县三十七年下半年度地方岁入岁出第一次追加预算一案，经核编完竣，岁入岁出计各列金圆券三十八万五千零三十四元，请核定等情，请公决案。

（决议）通过。

六、主席交议，据田粮处签呈，为订定本省各县市局义仓整理办法，请核定施行等情，请公决案。

（决议）交王、区、萧、陆、黄、黄、吴七委员及田粮处，地政局审查，由萧委员约集。

七、主席交议，据会计处签呈，拟议拨助连南、乐东、保亭、白沙四县三月份员役长警薪饷及副食费意见两项，请核定等情，请公决案。

（决议）照会计处签呈第二项办理。

八、委员兼民政厅长王光海提议，连山县县长廖基另候任用，遗缺拟派虞泽广代理；连南县县长陈精仪免职，遗缺拟派徐国良代理；蕉岭县县长曾涤民辞职照准，遗缺拟派陈英杰代理；和平县县长黄梦遗辞职照准，遗缺拟派徐定安代理；吴川县县长萧仲明另候任用，遗缺拟派郑为楫代理。谨检附各该员履历，请公决案。

（决议）通过。

广东省政府第十二届委员会
第十四次会议纪录

时　间　四月二十六日

地　点　本府会议厅

出席者 薛　岳　李扬敬　王光海　区芳浦　张　建　谢文龙
　　　　　黄范一　韩汉英　吴逸志　陆匡文　肖次尹
缺席者 香翰屏　黄　晃
列席者 黄国梁　毛松年　朱润深　黄秉勋　郭汉鸣　段辅尧
主　席 薛　岳
纪　录 苏旭升　郭俊驹
宣读第十三次会议纪录。

报告事项

一、秘书处报告，奉交下建设厅呈，以据长途电话管理所呈，为兹参照交通部电讯局新增各地电话价目，重行调整该所各区段所站通话价目，由四月十一日起实行，检同新订价目表，请核准前来，查属核实，经权准照办，谨报请察核等情，并奉准如拟办理。

二、秘书处报告，奉交下会计处签呈，以各县市局警察及保安营官兵出差膳宿什费支给标准，前经本府核定颁行在案，惟该案对文职简任或武职将官标准未有规定，现据茂名县政府请示到府，兹以（一）简任级将官膳宿什费日额准照比例支给，计日支稻谷四十市斤，（二）如地方粮食充裕，各级人员膳宿什费准以稻谷发给。请核定后分行各县市局遵照等情，并奉准如拟办理。

三、秘书处报告，奉交下会计处签呈，拟照三月份薪饷支给标准补发该处故员金海殓葬补助费七十三万五千元，款仍在三十八年度第一预备金项下开支，请核示等情，并奉准如拟办理。

讨论事项

一、主席交议，据会计【处】签呈，关于灵山县呈，以前奉拨该县重选国大代表经费，因物价高涨不敷支应，请改以稻谷二二．九市石四一六市合拨发一案，谨拟议意见两项，请核定等情，请公决案。

（决议）照签拟意见第一项办理。

二、主席交议，据会计处签呈，关于省参议会电请追拨该会粤参通讯月刊本年一至六月份印刷费等值港币共七百二十元之金元券一案，拟准先由省银行垫付，款在本年度第一预备金项下拨还，请核示等情，请公决案。

（决议）通过。

三、主席交议，据会计处签呈，关于阳春县三十七年上半年度地方岁入岁出第二次追加预算一案，经核编完竣，岁入岁出计各列国币三十一亿五千四百一十三万三千元，请核定等情，请公决案。

（决议）通过。

四、主席交议，据会计处签呈，关于高要县三十七年下半年度地方岁入岁出第一次追加预算一案，经核编完竣，岁入岁出计各列金圆券八十五万八千三百一十七元，请核定等情，请公决案。

（决议）通过。

五、委员兼建设厅长谢文龙提议，拟派谢双庆代理本厅视察，谨检附该员履历，请公决案。

（决议）通过。

六、委员兼民政厅长王光海提议，台山县县长李英辞职照准，遗缺拟派李国伦代理；开平县县长马北拱另候任用，遗缺拟派梁翰勋代理。谨检附各该员履历，请公决案。

（决议）通过。

广东省政府第十二届委员会
第十五次会议纪录

时　　间　四月二十九日
地　　点　本府会议厅
出席者　薛　岳　李扬敬　王光海　区芳浦　张　建　谢文龙
　　　　黄范一　韩汉英　吴逸志　陆匡文　肖次尹　黄　晃
缺席者　香翰屏
列席者　黄国梁　毛松年　朱润深　黄秉勋　郭汉鸣　段辅尧
主　　席　薛　岳
纪　　录　苏旭升　郭俊驹
宣读第十四次会议纪录。

报告事项

一、民政厅、财政厅、教育厅、建设厅、秘书处、会计处、卫生处、田赋粮食管理处、地政局、设计考核委员会报告一周办理重要工作。

讨论事项

一、主席交议，据会计处签呈，关于本省农业推广委员会电请将该会督导处四月份办公交通特别等费援照通案同时增拨一案，谨拟议意见请核示等情，请公决案。

（决议）（一）签拟第一、二项通过。（二）第三项之一督导处自五月一日起裁撤。（三）第三项之二原并入农林处之技术人员一律裁遣。（四）第四项聘派及调用人员免予保留。

二、主席交议，据会计处签呈，关于各县公费生副食费，为切合实际而免逐日调整起见，拟每月每名以稻谷二十六市斤计，照发放时之前一日当地中等稻谷市价折合金圆券发给，请核示等情，请公决案。

（决议）通过。

三、主席交议，据会计处签呈，关于无线电总台呈，以该台每月所需甲、乙组电池及电油、偈油等费，请分期或一次照每月用量拨款购用一案，应如何核拨，请核示等情，请公决案。

（决议）照签拟（甲）项先发二个月，余照办。

四、主席交议，据本省绥靖经费计核委员会签呈，拟制发省保部通营电讯第一、二大队结业学生每名夏服一套，请核拨等值港币二千八百五十二元之金圆券办理等情，经准着实业公司照教垫付，请追认案。

（决议）追案。

五至六、（略）

七、主席交议，据会计处签呈，关于封川县三十七年下半年度地方岁入岁出第一次追加预算一案，经核编完竣，岁入岁出计各列金圆券二万一千八百二十一元，请核定等情，请公决案。

（决议）通过。

八、主席交议，据会计处签呈，关于乐昌县三十七年下半年度地方岁入岁出第一次追加预算一案，经核编完竣，岁入岁出计各列金圆券一十六万一千四百六十九元，请核定等情，请公决案。

（决议）通过。

九、主席交议，关于价发五月份省级各机关学校员工长警食粮一案，经饬据财政厅、会计处、田粮处会商意见签核前来，请公决案。

（决议）通过。

广东省政府第十二届委员会
第十六次会议纪录

时　间　五月三日
地　点　本府会议厅
出席者　薛　岳　李扬敬　王光海　张　建　谢文龙　黄范一
　　　　韩汉英　吴逸志　陆匡文　肖次尹　黄　晃
请假者　区芳浦
缺席者　香翰屏
列席者　黄国梁　毛松年　朱润深　黄秉勋　郭汉鸣　段辅尧
　　　　陈昌五
主　席　薛　岳
宣读第十五次会议纪录。

报告事项

一、秘书处报告，奉交下建设厅呈，以据长途电话管理所呈，拟自四月二十二日起，将该所各区段所站通话价重行调整，计中区各所站照四月十一日调整价增至十五倍，东西北及兴潮区增至十倍，请核准前来，查属核实，除权准照办外，谨报请察核等情，并奉准如拟办理。

二、秘书处报告，奉交下建设厅呈，以据公路局呈，为适应事实以维交通起见，拟参照战前征收率及粤汉铁路运价赣省养路费等改以银元计收成例，将本省公路汽车运价及养路费、监理费、渡车船费改以银元计收，自四月二十一日起实行，请核准前来，核属可行，经权准照办，谨报请察核等情，并奉准如拟办理。

三、秘书处报告，奉交下会计处签呈，关于建设厅转缴公路处三十七年上半年度公路保养基金岁入岁出决算书一案，既经建设厅核明所列各数尚属符合，拟列报会议后分行，请核示等情，并奉准如拟办理。

讨论事项

一、主席交议，据会计处签呈，为编具本省三十七年下半年度第二次追加地方岁入岁出总预算书，请提会核定等情，请公决案。

（决议）通过。

二、主席交议，据地政局签呈，以迩来金融变动甚剧，为求适应及维持员工生活起见，拟议各县地籍整理规费及租佃契约工本费，改征稻谷标准及折收金圆券意见，请核示等情，请公决案。

（决议）通过。

三、主席交议，据本省绥靖经费计核委员会呈，以省保安部队行军锅灶甚为缺乏，亟待补充，请核拨等值港币一万八千元之金圈券制发等情，经准由省银行照数垫付，请追认案。

（决议）追认。

四、主席交议，据会计处签呈，关于卫生处呈请核拨省立第一医院曾任交代办公费及留办交代人员薪粮一案，计交代经费共二百零五万二千六百元，款在第一预备金拨支，并准留办交代人员价领公粮一个月，请核示等情，经准予照办，请追认案。

（决议）追认。

五、主席交议，据会计处签呈，关于梅茂县三十七年上半年度地方岁入岁出第一次追加预算一案，经核编完竣，岁入岁出计各列国币七亿七千八百二十万零九十元，请核定等情，请公决案。

（决议）通过。

六、主席交议，据会计处签呈，关于新丰县三十七年下半年度地方岁入岁出总预算一案，经核编完竣，岁入岁出计各列金圆券四万九千六百一十九元，请核定等情，请公决案。

（决议）通过。

七、主席交议，据会计处签呈，关于信宜县三十七年下半年度地方岁入岁出第一次追加预算一案，经核编完竣，岁入岁出计各列金圆券七万八千五百四十六元，请核定等情，请公决案。

（决议）通过。

八、主席交议，据会计处签呈，关于电白县三十七年下半年度地方岁入岁出第一次追加预算一案，经核编完竣，岁入岁出计各列金圆券一十五万零三百三十一元，请核定等情，请公决案。

（决议）通过。

九、委员兼财政厅长区芳浦提议，拟派邓鸣球代理本厅视察，谨检附该员履历，请公决案。

（决议）通过。

广东省政府第十二届委员会
第十七次会议纪录

时　间　六月三日①
地　点　本府会议厅
出席者　薛　岳　李扬敬　王光海　张　建　谢文龙　黄范一
　　　　韩汉英　吴逸志　陆匡文　肖次尹　黄　晃
告假者　区芳浦
缺席者　香翰屏
列席者　黄国梁（张炎元代）　毛松年　朱润深　黄秉勋　郭汉鸣
　　　　段辅尧　陈昌五
主　席　薛　岳
宣读第十五〔六〕次会议纪录。

报告事项

一、秘书处报告，奉交下会计处签呈，关于本府专案核定在本年度省预算文职员工薪饷科目，拨支各机关裁遣人事及统计人员工役薪饷，共四千零三十五万七千八百元，另价发公粮一八九市石六斗，兹谨汇列清表，请补报会议等情，并奉准如拟办理。

二、民政厅、财政厅、教育厅、建设厅、秘书处，会计处、卫生

---

① 应为五月六日。

处、田赋粮食管理处、地政局、设计考核委员会报告一周办理重要工作。

讨论事项

一、主席交议，据财政厅签呈，为遵令拟议增加各贫瘠县份补助款意见，请核示等情，请公决案。

（决议）交财政厅约集会计处、田粮处再审查。

二、主席交议，据田粮处签呈，为清理三十四年以前各县历年粮食粮款账目，经遵批约集有关机关会商，议定组设广东省粮食粮款清理委员会专责办理，是否可行，谨检附会议纪录，请核示等情，请公决案。

（决议）由田粮处切实负责清理。

三、主席交议，据会计处签呈，关于本府无线电总台呈请核拨该台本年二至四月份三个月房屋租金共六百四十八万元一案，该款拟准在本年度第一预备金科目拨支，请核示等情，请公决案。

（决议）通过。

四、主席交议，准省保安司令部函，请拨发该部及所属部队本年度夏季官兵暨马匹医药费及仓库修理费等值港币共四万六千五百五十六元十分等由，经准着省银行照数垫付，请追认案。

（决议）追认。

五、委员兼民政厅长王光海提议，为拟订广东省各县（市局）三十八年度征兵成绩奖惩办法，是否有当，请公决案。

（决议）通过。

六、主席交议，据会计处签呈，关于增城县三十七年上半年度地方岁入岁出第一次追加预算一案，经核编完竣，岁入岁出计各列国币五十八亿零九百一十八万九千元，请核定等情，请公决案。

（决议）通过。

七、主席交议，据会计处签呈，关于增城县三十七年下半年度地方岁入岁出第一次追加预算一案，经核编完竣，岁入岁出计各列金圆券一十五万二千七百五十二元，请核定等情，请公决案。

（决议）通过。

八、主席交议，据会计处签呈，关于中山县三十七年下半年度地方岁入岁出第一次追加预算一案，经核编完竣，岁入岁出计各列金圆券二百五十万零八千七百四十九元，请核定等情，请公决案。

（决议）通过。

九、主席交议，据会计处签呈，关于澄海经〔县〕三十八年度地方岁入岁出第一次追加预算一案，经核编完竣，岁入岁出计各列金圆券五千四百四十七万五千六百五十四元，请核定等情，请公决案。

（决议）通过。

十、主席交议，据会计处签呈，关于丰顺县三十八年度地方岁入岁出第一次追加预算一案，经核编完竣，岁入岁出计各列金圆券四百一十八万六千八百四十一元，请核定等情，请公决案。

（决议）通过。

十一、委员兼民政厅长王光海提议，拟派招念慈、曾务邦、劳适中、谢彦铎代理本厅荐任主任科员，陈汝诚代理本厅荐任科员，谨检附各该员履历，请公决案。

（决议）通过。

十二、主席交议，以四月份公务员工薪饷标准经中央公布，亟待照数计补，以维员工生活，在中央未将款拨到前，特订定筹垫办法，请公决案。

（决议）通过。

十三、委员兼民政厅长王光海提议，南雄县县长胡锡朋辞职照准，遗缺拟调德庆县县长华文治代理，递遗德庆县县长缺，拟派严博球代理；潮安县县长朱宗海另候任用，遗缺拟派陈侃代理；五华县县长杨竞华另候任用，遗缺拟派钟定天代理；恩平县县长邓文林另候任用，遗缺拟派冯岳代理。谨检附各该员履历，请公决案。

（决议）通过。

广东省政府第十二届委员会
第十八次会议纪录

时　　间　五月十日
地　　点　本府会议厅
出席者　薛　岳　李扬敬　王光海　张　建　谢文龙　黄范一
　　　　韩汉英　吴逸志　陆匡文　肖次尹　黄　晃
请假者　区芳浦
缺席者　香翰屏
列席者　黄国梁　毛松年　朱润深　黄秉勋　郭汉鸣　段辅尧
主　席　薛　岳

宣读第十五〔七〕次会议纪录。

报告事项

一、秘书处报告，奉交下会计处签呈，为中央补助本省三十七年下半年度各费，依照规定予以补列收支手续，谨编具本省三十七年下半年度第三次追加地方岁入岁出总预算书，请列报会议后分行等情，并奉准如拟办理。

二、秘书处报告，奉交下会计处签呈，以四月份生活指数经中央公布，关于本省三十八年度省级各机关分配预算编制办法规定特别活支费及员工医药补助费两科目流用数额，自四月份起，拟照三月份标准提高至三十倍，以资适应，请核示等情，并奉准如拟办理。

讨论事项

一、主席交议，据会计处签呈，关于省参议会电请补发该会会计主任公费，及教育厅函送省立专上各院校人员应领公费表，请全部核拨两案，谨拟议意见，请核定等情，请公决案。

（决议）签拟第一、二项仍照本府原规定办理，第三项需款由实业公司垫付。

二、主席交议，据田粮处签呈，关于各区专保公署派员赴县查仓旅费，拟改以实物支付，由府饬县划提省粮变价拨支，列具预算表，请核示等情，请公决案。

（决议）通过。

三、主席交议，关于省级各机关五月份办公费及临时费亟待计支，经着由秘书处约集民、财、教、建四厅及会计、田粮两处会商，将商讨结果签核前来，请公决案。

（决议）暂照半数发给。

四、主席交议，据会计处签呈，关于潮安县三十七年下半年度地方岁入岁出第一次追加预算一案，经核编完竣，岁入岁出计各列金圆券六十八万一千四百六十一元，请核定等情，请公决案。

（决议）通过。

五、主席交议，据会计处签呈，关于化县三十七年下半年度地方岁入岁出第一次追加预算一案，经核编完竣，岁入岁出计各列金圆券一十一万五千三百八十七元，请核定等情，请公决案。

（决议）通过。

六、主席交议，据会计处签呈，关于增城县三十八年度地方岁入岁出第一次追加预算一案，经核编完竣，岁入岁出计各列金圆券四百二十六万三千九百七十七元，请核定等情，请公决案。

（决议）通过。

七、主席交议，据会计处签呈，关于财政厅呈请增加本年度省预算第二预备金科目数额，暨报告签拨各区专保公署经临各费情形一案，谨拟议意见，请提会核定等情，请公决案。

（决议）通过。

八、主席交议，据会计处签呈，拟议拨发各区专保公署因改组后而编余人员之遣散费，及价领公粮意见，请核示等情，请公决案。

（决议）通过。

九、委员兼民政厅长王光海提议，合浦县县长林朱梁另候任用，遗缺拟派冯哲夫代理，谨检附该员履历，请公决案。

（决议）通过。

广东省政府第十二届委员会
第十九次会议纪录

时　间　五月十三日
地　点　本府会议厅
出席者　薛　岳　李扬敬　王光海　区芳浦　张　建　谢文龙
　　　　黄范一　韩汉英　吴逸志　陆匡文　肖次尹　黄　晃
缺席者　香翰屏
列席者　黄国梁　毛松年　朱润深　黄秉勋　郭汉鸣　段辅尧
主　席　薛　岳
纪　录　苏旭升　郭俊驹
宣读第十八次会议纪录。

报告事项

一、民政厅、财政厅、教育厅、建设厅、秘书处，会计处、卫生处、田粮处、地政局、设计考核委员会报告一周办理重要工作。

讨论事项

一、席〔主〕席交议，据田粮处签呈，拟议各县挪用三十五、三十六年度国省粮清收办法，请核示等情，请公决案。

（决议）修正通过。

二、主席交议，据会计处签呈，关于省保安司令部电送该部三十八年二月份会计总报告一案，经核数散总相符请提会审查等情，请公决案。

（决议）通过。

三、主席交议，据会计处签呈，关于省警察总队呈缴该总队各主管人员应领公费数目表，请由四月份起按月拨支一案，谨拟议意见，请核定等情，请公决案。

（决议）通过。

四、主席交议，据会计处签呈，关于龙门县三十七年下半年度地方岁入岁出第一次追加预算一案，经核编完竣，岁入岁出计各列金圆券三万四千九百一十七元，请核定等情，请公决案。

（决议）通过。

五、主席交议，据会计处签呈，关于海康县三十七年下半年度地方岁入岁出第一次追加预算一案，经核编完竣，岁入岁出计各列金圆券四万一千三百九十四元，请核定等情，请公决案。

（决议）通过。

六、主席交议，据会计处签呈，关于翁源县三十七年下半年度地方岁入岁出第一次追加预算一案，经核编完竣，岁入岁出计各列金圆券一万二千零二十七元，请核定等情，请公决案。

（决议）通过。

七、主席交议，本府为适应当前需要，将各机关员额尽量紧缩，并将一部分机构裁并，其人员优予资遣，检附各表及办法，提请公决案。

（决议）修正通过。

广东省政府第十二届委员会
第二十次会议纪录^①

时　间　五月十七日
地　点　本府会议厅
出席者　薛　岳　李扬敬　王光海　区芳浦　张　建　谢文龙
　　　　黄范一　韩汉英　吴逸志　陆匡文　肖次尹　黄　晃
缺席者　香翰屏
列席者　黄国梁　毛松年　朱润深　黄秉勋　郭汉鸣　段辅尧
主　席　薛　岳
宣读第十九次会议纪录。

_____

① 本次会议纪录缺纪录人员名字。

报告事项

一、主席报告，本省第十一区行政督察专员兼保安司令莫福如另有任用，遗缺以该区保安副司令谢锡珍升充；第十三区行政督察专员兼保安司令刘其宽辞职照准，遗缺派吴斌代理。除令派外，合报请备查。

讨论事项

一、主席交议，据秘书处签呈，为拟定本府暨所属各级机关人事管理业务划分办法，请核定等情，请公决案。

（决议）通过。

二、主席交议，据会计处签呈，关于财政厅呈请再垫拨营业税票印刷费五亿元一案，谨拟议意见两项，请核夺等情，请公决案。

（决议）暂照第二项办理。

三、主席交议，据田粮处签呈，拟自五月一日起，调整各县市局新旧折价田赋折征标准，并遵批约集财政厅、会计处会同商定，将原定标准价提高，谨检附审查意见，请核示等情，经准予照办，请追认案。

（决议）追认。

四、主席交议，据会计处签呈，关于汕头市三十七年上半年度地方岁入岁出第三次追加预算一案，经核编完竣，岁入岁出计各列国币一百一十六亿一千八百六十二万元，请核定等情，请公决案。

（决议）通过。

五、主席交议，据会计处签呈，关于从化县三十七年下半年度地方岁入岁出第一次追加预算一案，经核编完竣，岁入岁出计各列金圆券七万九千九百六十二元，请核定等情，请公决案。

（决议）通过。

六、主席交议，据会计处签呈，关于汕头市三十八年度地方岁入岁出第一次追加预算一案，经核编完竣，岁入岁出计各列金圆券一百二十三亿四千二百万元，请核定等情，请公决案。

（决议）通过。

广东省政府第十二届委员会
第二十一次会议纪录

时　　间　五月二十日

地　　点　本府会议厅

出席者　薛　岳　李扬敬　王光海　区芳浦　张　建　黄范一
　　　　韩汉英　吴逸志　陆匡文　肖次尹　黄　晃

告假者　谢文龙

缺席者　香翰屏

列席者　黄国梁　毛松年　朱润深　黄秉勋　郭汉鸣　段辅尧

主　　席　薛　岳

纪　　录　郭俊驹

宣读第二十次会议纪录。

报告事项

一、秘书处报告，奉交下建设厅签呈，以资源委员会广州钢铁厂，前请价让前省营肥田料厂、硫酸厂及苛性纳厂旧址一案，经由府饬令实业公司酌办具报在案。现据该公司呈报，经双方派员会同测定界址，计土地总面积共八十一市亩四分二厘二毫，总价款相等于港币一百一十二万二千一百一十元，自签订约日起，先付三十万元，余款由三十九年十月一日起至四十二年四月一日止分期付清，检附合约及拟定办法五项，转请核示等情，并奉准如拟亦理。

讨论事项

一、主席交议，据会计处签呈，关于实业公司董事会呈缴实业公司三十八年度营业计划及预算一案，谨拟议意见，请核定等情，请公决案。

（决议）交萧、区、谢、黄、黄、韩、吴、陆八委员及会计处审查，由萧委员约集。

二、主席交议，据会计处签呈，关于省银行呈缴该行三十八年度省

64

营业计划及预算一案，谨拟议意见，请核示等情，请公决案。

（决议）交萧、区、谢、黄、黄、吴、韩、陆八委员及会计处审查，由萧委员约集。

三、主席交议，据会计处签呈，关于建设厅转缴公路局三十八年度公路保养基金计划预算书一案，谨拟议意见，请核定等情，请公决案。

〈决议〉交萧、区、谢、黄、黄、吴、韩、陆八委员及会计处审查，由萧委员约集。

四、主席交议，据会计处签呈，关于教育厅转缴科学仪器制造厂三十八年度营业预算一案，核无不合，请核定等情，请公决案。

（决议）交萧、区、张、黄、黄、吴、韩、陆八委员及会计处审查，由萧委员约集。

五、主席交议，据会计处签呈，关于卫生处呈请核拨省立第一医院三十八年度院址租金一案，经由府饬据编列预算，该项租金应否由府指款拨支，请核定等情，请公决案。

（决议）由府拨支。

六、（略）

七、主席交议，据会计处签呈，关于省警察学校呈，以奉令于五月底结束，请核拨遣散员工薪饷公粮三个月，及留办结束人员经费一案，经签奉核准照案计拨，惟遣散员工应否照本府此次资遣人员办法办理，请核定等情，请公决案。

（决议）照签拟第二项办理。

八、主席交议，据会计处签呈，关于省级各机关学校五月份上半月各级人员公费，拟照中央规定折发关元，惟应照何比率折发港币及如何筹垫之处，请核定等情，请公决案。

（决议）资遣人员照五月份待遇折算标准先发，款由资遣费项下暂垫。

九、主席交议，据会计处签呈，关于各区专保公署实施新辖区后，原有各区驻地应行迁移者，计有第一、六两区专署，拟各发迁移费等值港币五百元之金圆券，款在第二预备金项下拨支，请核示等情，经准予照办，请追认案。

（决议）追认。

十、主席交议，据会计处签呈，关于新会县三十七年下半年度地方岁入岁出第一次追加预算一案，经核编完竣，岁入岁出计各列金圆券一百二十一万四千八百七十二元，请核定等情，请公决案。

（决议）通过。

十一、主席交议，据会计处签呈，关于普宁县三十八年度地方岁入岁出第一次追加预算一案，经核编完竣，计岁入岁出各列金圆券二千四百七十七万四千一百零七元，请核定等情，请公决案。

（决议）通过。

十二、委员兼教育厅长张建提议，省立文理学院院长何爵三迭请辞职，拟予照准，遗缺拟派何杰接充，谨检附该员履历，请公决案。

（决议）通过。

十三、主席交议，据地政局签呈，拟调揭阳县地籍整理处副处长王宗昌代理本局秘书，谨检附该员履历，请核示等情，请公决案。

（决议）通过。

十四、主席交议，为实施"二五"减租，改善农民生活起见，特订定广东省二五减租实施办法，提请公决案。

（决议）交土地改革会议及粮政会议会同研究，由萧委员约集。

十五、委员兼民政厅长王光海提议，南海县县长邓邦谟辞职照准，遗缺拟派梁端寅代理；佛冈县县长谢静山辞职照准，遗缺拟派黄祥光代理；潮阳县县长胡公木辞职照准，遗缺拟派萧亮开代理；普宁县县长曾枢另候任用，遗缺拟派方国柱代理；徐闻县县长廖国彦辞职照准，遗缺拟派杨渭爵代理。谨检附各该员履历，请公决案。

（决议）通过。

广东省政府第十二届委员会
第二十二次会议纪录

时　间　五月二十四日
地　点　本府会议厅

出席者　薛　岳　李扬敬　王光海　区芳浦　张　建　谢文龙
　　　　韩汉英　吴逸志　陆匡文　肖次尹　黄　晃
告假者　黄范一
缺席者　香翰屏
列席者　黄国梁　毛松年　朱润深　黄秉勋　段辅尧
主　席　薛　岳
纪　录　郭俊驹
宣读第二十一次会议纪录。

报告事项

一、秘书处报告，奉交下实业公司董事会呈，以该公司于三十四年复员改组，于篮前任特商得费鸿年先生同意，投资国币一亿元，故订立章程，并以费鸿年名义列为股东，惟是项股款，相隔年余，仍未照缴，迨至三十六年九月二十七日，始以暂付款名义存入国币一亿元，并无签订投资合约，兹经商得费董同意，计算本息共港币一万九千二百六十六元三分，于本年五月十二日如数清还，并取据出帐，请核备等情；并奉准报会后备查。

二、秘书处报告，奉交下建设厅呈，以据长途电话管理所电，为维持业务起见，拟自五月份起，将甲种用户每月月费改课新兴白米二十五市斤，乙种用户二十市斤，请核示前来，查属需要，除权准照办外，谨请察核等情，并奉准报会后存查。

讨论事项

一、主席交议，据绥靖经费计核委员会签呈，以关于广东高等法院，请自四月份起，将原核定五百六十名囚粮副食费名额改照一千名发给，并每月预领一次一案，经由田粮处签拟办法三项，提付本会照第三项修正通过，请核示等情，请公决案。

（决议）仍照原核定五百六十名名额发给囚粮副食费，至本年七月底止。

二、主席交议，据会计处签呈，为适应环境需要，关于各县市局之追加预算，及自卫特捐收支之特别预算，拟暂规定，嗣后应概送各县市参议会审核后，径送该管专保公署核定办理，由专保公署汇报本府备查，请核定等情，请公决案。

67

（决议）通过。

三、主席交议，据会计处签呈，为拟议拨发连南、乐东、保亭、白沙四县三月份起主管人员特别办公费意见，请核定等情，请公决案。

（决议）通过。

四、主席交议，据会计处签呈，为维持连南、乐东、保亭、白沙四县员役生活起见，该四县员役薪饷，拟自四月份起改以稻谷实物发给，请核示等情，请公决案。

（决议）通过。

五、主席交议，据会计处签呈，关于本府前核准暂由燃料供销委员会垫拨黄埔市筹备委员会三月份起至五月上半月止经常费员工薪饷及结束经费等，可否援案作正开支，请核示等情，请公决案。

（决议）通过。

六、主席交议，关于省级各机关学校五月份上半月员工薪饷亟应筹发，以维员工生活，经请由吴委员约集各有关单位会商意见，签核前来，核属可行，经准照办理，请追认案。

（决议）追认。

七、主席交议，据会计处签呈，关于河源县三十七年上半年度地方岁入岁出第一次追加预算一案，经核编完竣，岁入岁出计各列国币一十六亿五千九百零四万八千元，请核定等情，请公决案。

（决议）通过。

八、主席交议，据会计处签呈，关于大埔县三十七年下半年度地方岁入岁出第一次追加预算一案，经核编完竣，岁入岁出计各列金圆券五万一千零三十七元，请核定等情，请公决案。

（决议）通过。

九、主席交议，据会计处签呈，关于紫金县三十七年下半年度地方岁入岁出总预算一案，经核编完竣，岁入岁出计各列金圆券一十一万一千七百四十三元，请核定等情，请公决案。

（决议）通过。

十、主席交议，据会计处签呈，关于连山县三十七年下半年度地方岁入岁出第一次追加预算一案，经核编完竣，岁入岁出计各列金圆券六万七千九百七十六元，请核定等情，请公决案。

68

（决议）通过。

十一、主席交议，据会计处签呈，关于惠阳县三十八年度地方岁入岁出第一次追加预算一案，经核编完竣，岁入岁出计各列金圆券三十二亿一千一百七十万七千五百六十元，请核定等情，请公决案。

（决议）通过。

十二、（略）

十三、主席交议，为简化本府秘书处机构，拟将该处第一、四两科合并为第一科，第二、三两科合并为第二科，第五、六两科合并为第三科，并派蔡长本、莫兆璜、朱洪分别代理第一、二、三科科长，请公决案。

（决议）通过。

广东省政府第十二届委员会
第二十三次会议纪录

时　间　五月二十七日

地　点　本府会议厅

出席者　薛　岳　李扬敬　王光海　区芳浦　张　建　谢文龙
　　　　黄范一　韩汉英　吴逸志　陆匡文　肖次尹　黄　晃

缺席者　香翰屏

列席者　黄国梁　毛松年　朱润深　黄秉勋　段辅尧

主　席　薛　岳

纪　录　蔡长本　郭俊驹

宣读第二十二次会议纪录。

报告事项

（无）

讨论事项

一、主席交议，据会计处签呈，以各县市局自紧缩机构后，办公费随员额而减少，为适应实际需要，关于各县市局办公费，拟自五月份起照原规定数额加倍支给，请核定等情，请公决案。

（决议）通过。

二、（略）

三、主席交议，据卫生处签呈，以该处留用人员多为技术人员平均薪额较高，奉拨薪俸计每月不敷关元一百五十一元，请补拨应支等情，请公决案。

（决议）照会计处签拟办理。

四、委员肖次尹等会复，奉交审查田粮处拟呈，本省各县市局义仓整理办法一案，经会同审查，由民政厅、田粮处另拟"调查各县（市局）及乡镇地方慈善团体指示整理注意事项"六项，嗣后有关义仓业务由民政厅主办，请公决案。

（决议）照审查意见通过。

五、主席交议，据会计处签呈，关于乳源县三十七年下半年度地方岁入岁出第一次追加预算一案，经核编完竣，岁入岁出计各列金圆券六万七千五百二十六元，请核定等情，请公决案。

（决议）通过。

六、主席交议，据会计处签呈，关于罗定县三十七年下半年度地方岁入岁出第一次追加预算一案，经核编完竣，岁入岁出计各列金圆券五万二千九百七十元，请核定等情，请公决案。

（决议）通过。

七、委员肖次尹等会复，奉交审查实业公司三十八年度营业计划及预算一案，经审查完竣，谨具意见，请公决案。

（决议）照审查意见通过。

八、委员肖次尹等会复，奉交审查公路局三十八年度公路保养基金计划预算一案，经审查完竣，谨列具意见，请公决案。

（决议）照审查意见通过。

九、委员肖次尹等会复，奉交审查科学仪器制造厂三十八年度营业预算一案，经审核尚属符合，拟照案通过，请公决案。

（决议）照审查意见通过。

十、主席交议，据建设厅签呈，以该厅留用人员多为技术人员平均薪额较高，奉拨五、六月份薪俸不敷支应，请准予按职员每人平均薪俸二百五十元计拨等情，请公决案。

（决议）交秘书处及会计处审核。

十一、主席交议，据会计处签呈，以五月份文武职待遇标准经奉中央规定，关于本省保安部队五月份官佐薪俸应如何计发，谨拟议意见四项，请核夺等情，请公决案。

（决议）（一）暂发标准将官月发银元一十元，校官八元，尉官五元，士兵照原规定。（二）每一银元按港币七元五角折发。（三）资遣官兵以后不再扣补。

十二、委员兼民政厅长王光海提议，为适应时机，关于本省各县市局之乡镇保长，拟暂准由县市局长遴委，是否有当，请公决案。

（决议）通过。

广东省政府第十二届委员会
第二十四次会议纪录

时　　间　五月三十一日

地　　点　本府会议厅

出席者　薛　岳　李扬敬　王光海　区芳浦　张　建　谢文龙
　　　　黄范一　吴逸志　陆匡文　黄　晃

公出者　韩汉英　肖次尹

缺席者　香翰屏

列席者　黄国梁（张炎元代）　毛松年　黄秉勋
　　　　郭汉鸣（王宗县代）　段辅尧

主　　席　薛　岳

纪　　录　蔡长本　郭俊驹

宣读第二十三次会议纪录。

报告事项

一、秘书处报告，奉交下省银行呈，以金圆券币值变动甚剧，一般人民为保持币值，多以外币为储存或交收之工具，甚且将资金逃存国外，影响国家经济至大，现政府已准许银元流通，军粮饷项已有一部分支发银元，且湘滇等省普遍使用银元，或半开银元，为吸收游资，便利军政工商汇款及贯通金融脉络起见，经提付本行董事监察人联席会议通过，自五月一日起举办银元存款汇款，请核备等情，并奉准如拟办理。

讨论事项

一至三、（略）

四、主席交议，据会计处签呈，拟议省级各机关学校六月份经临费，及各厅处局六月份公务员出差旅费拨支意见，请核示等情，请公决案。

（决议）通过。

五、主席交议，据会计处签呈，关于国内出差旅费标准经奉中央规定，拟自六月份起全省省级机关不分地区一致实行，需支之款在各机关经费内核实支给，请核定等情，请公决案。

（决议）通过。

六、主席交议，据民政厅签呈，拟将本厅收存烟毒于六月三日公开焚毁，请核拨港币二百四十八元办理等情，请公决案。

（决议）照会计处附签通过。

七、主席交议，据会计处签呈，关于廉江县三十八年度地方岁入岁出第一次追加预算一案，经核编完竣，岁入岁出计各列金圆券三亿七千六百八十六万六千六百七十元，请核定等情，请公决案。

（决议）通过。

广东省政府第十二届委员会
第二十五次会议纪录

时　　间　六月三日
地　　点　本府会议厅
出席者　薛　岳　李扬敬　王光海　区芳浦　张　建　谢文龙
　　　　黄范一　吴逸志　陆匡文

公出者 韩汉英　肖次尹

告假者 黄　晃

缺席者 香翰屏

列席者 黄国梁（张炎元代）　毛松年　黄秉勋
　　　　　郭汉鸣（王宗昌代）　段辅尧

主　席 薛　岳

纪　录 蔡长本　郭俊驹

宣读第二十四次会议纪录。

报告事项

一、秘书处报告，奉交下建设厅呈，以据长途电话所呈，为适应当前事实需要及安定员工生活起见，拟将现行奉准改订之各区段所站通话价目，参照广州市四月二十二日当日粮食市场中等白米粮价，改课实物，并自五月十八日起实施。检附通话价目表，请核示前来，核属可行，除权准照办外，谨请察核等情，并奉准报会后存查。

讨论事项

一至二、（略）

三、委员陆匡文等会复，奉交审查省银行三十八年度营业计划预算一案，经会同审查完竣，谨列具意见，请公决案。

（决议）（一）解库部分照省总预算所列解库数字。（二）其余照审查意见通过。

四、主席交议，为协助中央稳定金融，利便公私收付，拟以现兑及兑现办法，发行广东省大洋票辅币，订定发行办法，发行监核委员会组织规程、发行准备金管理委员会组织规程，是否可行，请公决案。

（决议）修正通过。

五、主席交议，据会计处签呈，关于省参议会电，以自六月一日起将该会一部分职员资遣，请照本府此次资遣人员办法，核发资遣费及公粮一案，谨拟具意见，请核定等情，请公决案。

（决议）通过。

六、主席交议，据财政厅、田粮处、会计处会签，为拟定三十七年度以前历年旧赋全部改征银元办法七项，请提会决定等情，请公决案。

（决议）通过。

七、委员兼民政厅长王光海提议，汕头市市长李国俊辞职照准，遗缺拟派方少云代理；连县县长詹宝光另有任用，遗缺拟派第五区行政督察专员李楚瀛兼代。谨检附各该员履历，请公决案。

（决议）通过。

广东省政府第十二届委员会
第二十六次会议纪录

时　　间　六月七日

地　　点　本府会议厅

出席者　薛　岳　李扬敬　王光海　区芳浦　张　建　谢文龙
　　　　黄范一　吴逸志　陆匡文　黄　晃

公出者　韩汉英　肖次尹

列席者　黄国梁（张炎元代）　毛松年　黄秉勋
　　　　郭汉鸣（王宗县代）　段辅尧

缺席者　香翰屏

主　席　薛　岳

纪　录　蔡长本　郭俊驹

宣读第二十五次会议纪录。

报告事项

（无）

讨论事项

一、主席交议，据秘书处、田粮处会签，奉交审拟田粮处拟具本省三十八年度征收田赋意见一案，遵经约集有关机关商讨，谨将研讨结果，呈请察核等情，请公决案。

（决议）通过。

二、主席交议，据财政厅签呈，以据广东省造币厂呈缴该厂开办费及经常费预算，请核办前来，谨拟具意见，请核夺等情，请公决案。

（决议）并广州造币厂预算案审查。

三、主席交议，据财政厅会计处会签，关于本府派赴督解中山等十二县拖久省级田赋及协助款粮人员方永谋等列报出差旅费，计不敷港币三千四百七十六元三角，请补发归垫一案，应如何补拨，请核定等情，请公决案。

（决议）准加发港币一千六百元。

四、主席交议，本府卫生处处长朱润深辞职，经予照准，遗缺并派冯启琼代理，请追认案。

（决议）追认。

广东省政府第十二届委员会
第二十七次会议纪录

时　　间　六月十日

地　　点　本府会议厅

出席者　薛　岳　李扬敬　王光海　区芳浦　张　建　谢文龙
　　　　黄范一　吴逸志　陆匡文　黄　晃

公出者　韩汉英　肖次尹

缺席者　香翰屏

列席者　欧震　毛松年　黄秉勋　段辅尧　郭汉鸣（王宗昌代）

主　　席　薛　岳

纪　　录　蔡长本　郭俊驹

宣读第二十六次会议纪录。

报告事项

一、主席报告，本省第二区行政督察专员兼保安司令廖××勾结土匪，企图祸国害民，经于六月三日在惠州正法，遗缺经权调第七区行政督察专员兼保安司令邓挥接充，递遗第七区行政督察专员兼保安司令缺，权派该区副司令郑观澜暂代，除分别令派函行外，合报告备查。

二、秘书处报告，奉交下建设厅签呈，以据长途电话管理所呈报，该所通话价目在未奉准改收银元或实物以前，经权先照现行话价自五月八日起以二十倍计收，请核备前来，查属需要，除复准备查外，谨报请察核等情，并奉准报会后存查。

三、（略）

讨论事项

一、主席交议，据教育厅呈，请发给各省校公费生主副食费至七月底止等情，请公决案。

（决议）五月底结束者，核实发至六月份止，六月份以后结束者，发至七月份止。

二、主席交议，据建设厅签呈，关于国立中山大学农学院函请将农林处所属林场划归管理或保管一案，谨签具意见，请核示等情，请公决案。

（决议）照建设厅签呈，暂交该院代为保管，一切保管费用，由该院负担。

三、主席交议，据沙田整理处签，请垫借港币五千元，以便清发各员役资遣费及县处结束费等情，请公决案。

（决议）准借谷三百三十八市石，余照会计处签拟办理。

四、主席交议，据会计处签，拟拨发省级各机关学校各级人员五、六【月】份公费意见，请核定等情，请公决案。

（决议）通过。

五、委员兼建设厅长谢文龙提议，拟将广东省公路修复及行车办法第九条，及其有关条文，分别修正，以维专营权益，请公决案。

（决议）通过。

六、主席交议，据会计处签，拟本省收容人五、六两月份副食费拨发意见，请核示等情，请公决案。

（决议）通过。

广东省政府第十二届委员会
第二十八次会议纪录

时　间　六月十四日

地　点　本府会议厅

出席者　薛　岳　李扬敬　王光海　张　建　谢文龙　黄范一
　　　　吴逸志　陆匡文　黄　晃

公出者　韩汉英　肖次尹

告假者　区芳浦

缺席者　香翰屏

列席者　欧　震　毛松年　冯启琼　郭汉鸣（王宗昌代）　黄秉勋
　　　　段辅尧　陈昌五

主　席　薛　岳

纪　录　蔡长本　郭俊驹

宣读第二十七次会议纪录。

报告事项

一、主席报告，暂代本省第七区行政督察专员兼保安司令职务邓观澜，毋庸暂代，兹权派陈丹青代理该区专员兼保安司令；第八区行政督察专员兼保安司令莫希德辞职照准，遗缺权派该区副司令洪之政升充。合报告备查。

二、秘书处报告，奉交下会计处签呈，以五月份各机关经临费均经核定发给，关于各机关特别活支费及员工医药补助费，两科目之最高流用数额，拟自五月份起，得照四月份标准加倍流用，需支之款仍在各机关经临费内因应核实支给，不另增拨，请核定等情，并奉准如拟办理。

讨论事项

一、主席交议，据会计处签呈，关于省级各机关七月份员工薪饷，应如何核发及筹拨之处，请核定等情，请公决案。

（决议）发放薪饷办法照会计处签呈第二项第三点办理，款在中央拨发本省四、五月份补助费内开支。

二、主席交议，据财政厅田粮处会签，为根据三十八年度征收田赋要点规定，会同订定三十八年度田赋提成给奖办法，请核夺等情，请公决案。

（决议）通过。

三、（略）

四、主席交议，据实业公司拟呈，该公司员工薪饷发给办法，请核示等情，核属可行，经准自六月一日起实行，请追认案。

（决议）追认。

五、主席交议，据秘书处会计处会签，奉交审核建设厅请补拨留用人员五月下半月及六月份薪津一案，经审核完竣，列具意见，请核夺等情，核属可行，经准予照办，请追认案。

（决议）追认。

六、委员兼财政厅长区芳浦提议，为各县市税捐稽征处编制表业经提会修正，兹订定实施办法及各县市税捐稽征处等级表，是否可行，请公决案。

（决议）通过。自七月一日起实行。

七、委员兼民政厅长王光海提议：（一）龙川县县长黄××撤职，遗缺拟派黄道仁代理。（二）陆丰县县长颜××通匪有据，业经正法，遗缺拟派钟铁肩代理。（三）惠来县县长邹×撤职，遗缺拟派第七区保安副司令李士琦代理。（四）南山管理局局长林达免职，遗缺拟派李鸿名代理。（五）新派潮阳县县长萧亮开因病不能赴任，拟予撤委，遗缺拟派第七区行政督察专员陈丹青兼代。（六）丰顺县县长吴××撤职，遗缺拟派吴柏苍代理。（七）本府第二十一次委员会议决议，派杨渭璠代理徐闻县县长，现该员另有任用，遗缺拟派周万邦代理。谨检附各该员履历，请公决案。

（决议）通过。

广东省政府第十二届委员会
第二十九次会议纪录

时　间　六月十七日
地　点　本府会议厅
出席者　薛　岳　李扬敬　王光海　张　建　黄范一　吴逸志
　　　　陆匡文　肖次尹　黄　晃
公出者　韩汉英
告假者　区芳浦　谢文龙
缺席者　香翰屏
列席者　欧　震　毛松年　冯启琮　黄秉勋　郭汉鸣（王宗昙代）
　　　　段辅尧　陈昌五
主　席　薛　岳
纪　录　蔡长本　郭俊驹
宣读第二十八次会议纪录。

报告事项

一、（略）

讨论事项

一、主席交议，据会计处签呈，为适应环境及简化事务起见，关于各县市局年度决算，拟援照各县市局年度追加预算及自卫特捐收支预算规定，由县市政府送经县市参议会审核后，呈该管专署核定汇报本府备查，请核定等情，请公决案。

（决议）通过。

二、主席交议，据会计处签呈，关于卫生处前任朱处长呈请核拨交代办公费及留办交代人员薪粮一案，谨拟具意见，请核示等情，请公决案。

（决议）准留交代人员五人，余照会计处签拟通过。

三、主席交议，据田粮处签呈，为简化各县市局动用地方积谷手续起见，特拟定办法四项，请核示等情，请公决案。

（决议）通过。

广东省政府第十二届委员会
第三十次会议纪录

时　间　六月二十一日

地　点　本府会议厅

出席者　薛　岳　李扬敬　王光海　张　建　黄范一　韩汉英
　　　　吴逸志　陆匡文　肖次尹　黄　晃

告假者　区芳浦　谢文龙

缺席者　香翰屏

列席者　欧　震　毛松年　杜梅和　冯启琮　黄秉勋
　　　　郭汉鸣（王宗昌代）　段辅尧　陈昌五

主　席　薛　岳

纪　录　蔡长本　郭俊驹

宣读第二十九次会议纪录。

报告事项

一、秘书处报告，奉交下建设厅签呈，以据长途电话管理所呈报，广州至从化电话线经架设完竣，定六月十一日开始营业，并订定通话价目同日实施，请核备前来，核属可行，除复准予备查外，谨请查核等情；并奉准报会后存查。

讨论事项

一、主席交议，据会计处签呈，关于本省大洋票辅币发行监核委员会编呈该会开办费及经常费预算，请核拨一案，谨拟具意见，请核夺等情，请公决案。

（决议）（一）委员及职员交通费一律月支银元一十元。（二）公役工饷照列。（三）办公费月支银元四十四元。（四）开办费照签拟办理。

80

二、主席交议，据田粮处签呈，为展开三十八年度田赋督征工作，以利征收起见，拟由府令饬各区专保公署，就近派员下县督征督解，每区核发督征旅费银元二百元，款在省库拨付，请核示等情，请公决案。

（决议）通过。款在预备金项下开支。

三、主席交议，据田粮处签呈，为实施保值起见，关于本省三十七年度田赋折价征收部分，拟自六月一日起折征银元，附具折征标准价表，请核示等情；核属可行，经准予照办，请追认案。

（决议）追认。

四、主席交议，为稳定本省金融，适应市场需要，除经授权省银行发行广东省大洋票辅币外，兹再授权该行继续发行广东省大洋票，并将发行办法、发行监核委员会暨发行准备金管理委员会组织规程，分别修正，请公决案。

（决议）通过。

五、（略）

六、主席交议，据财政厅、会计处会签，奉交审查广东省造币厂开办费及经常费预算一案，经审查完竣，谨列具意见，请提会核定等情，请公决案。

（决议）（一）技术员工薪饷照列。（二）普通员工取销加三待遇。（三）长夫月支六十元，艺徒五十元。（四）其余照审查意见办理。（五）本预算待胡主任检查应用机器完毕后实行。

七、委员兼教育厅长张建提议，省立志锐中学校长林为栋辞职拟予照准，遗缺拟派黄宗潮接充，谨检附该员履历，请公决案。

（决议）通过。

八、主席交议，据财政厅签呈，奉交审查田粮处签议，田赋改征银元及大洋票未流通区域，大洋与银毫或港币之折征比率一案，遵经约集各有关机关派员会同审查，拟定意见三项，请核夺等情，请公决案。

（决议）通过。

广东省政府第十二届委员会
第三十一次会议纪录

时　间　六月二十四日

地　点　本府会议厅

出席者　薛　岳　李扬敬　王光海　张　建　黄范一　韩汉英
　　　　吴逸志　陆匡文　黄　晃

告假者　区芳浦　谢文龙　肖次尹

缺席者　香翰屏

列席者　欧　震　毛松年　冯启琮　巫　琦　郭汉鸣（王宗昙代）
　　　　段辅尧　陈昌五

主　席　薛　岳

纪　录　蔡长本　郭俊驹

宣读第三十次会议纪录。

报告事项

（无）

讨论事项

一、主席交议，据沙田整理处签呈，为拟定沙田业务繁缩办法，并酌留用人员四人专责办理工作，请核备等情，请公决案。

（决议）通过。

二、主席交议，据会计处签呈，拟议签拨省级各机关学校各级主管人员七月份公费意见，请提会核定等情，请公决案。

（决议）通过。

三、主席交议，据会计处签呈，关于秘书处呈请指款拨支本府负担粤穗各界扩大反共救国列车巡行经费银元六十元一案，拟准省库存款项下以预备金科目签支，请核定等情，经准予照办，请追认案。

（决议）追认。

四、主席交议，据会计处签呈，拟议签拨省级各机关七月份经临费意见，请提会核定等情，请公决案。

（决议）通过。

五、委员兼民政厅长王光海提议，湛江市市长何犖因病辞职，拟照准，遗缺拟派梁仲江代理；南澳县县长陈鸿强另候任用，遗缺拟派李少如代理；灵山县县长黄质胜因病辞职，拟照准，遗缺拟派杨志英代理。谨检附各该员履历，请公决案。

（决议）通过。

广东省政府第十二届委员会
第三十二次会议纪录

时　　间　六月二十八日

地　　点　本府会议厅

出席者　薛　岳　王光海　张　建　黄范一　韩汉英　吴逸志
　　　　陆匡文　黄　晃

告假者　李扬敬　区芳浦　谢文龙　肖次尹

缺席者　香翰屏

列席者　欧　震　毛松年　冯启琼　巫　琦　段辅尧　陈昌五

主　席　薛　岳

纪　录　蔡长本　郭俊驹

宣读第三十一次会议纪录。

报告事项

（无）

讨论事项

一、主席交议，据田粮处签呈，为拟定本省各县三十八年度田赋征实征借公粮积谷预算配额表，请提会决定等情，请公决案。

（决议）通过。

二、主席交议，据会计处签呈，关于省保安司令部编送该部三十八年四月份会计总报告一案，经核数散总相符，请提会审核等情，请公决案。

（决议）通过。

三、主席交议，据田粮处签呈，以院颁勘报灾歉条例手续繁复，为节省时间人力及能适时减免田赋起见，兹拟具简化灾歉免赋手续四项，请核定通饬遵行等情，核属可行，经准予照办，请追认案。

（决议）追认。

四、主席交议，关于田粮处审议，番禺、新会、东莞各县三十八年度沙田赋实征收实施办法一案，经交由王厅长约集有关机关审查，列具审查结果，签请提会决定前来，请公决案。

（决议）照审查意见修正通过。修正之点如左：（一）番禺县三十八年度沙田赋实征收实施办法第六条，及新会县沙田赋实征收实施办法第九条暨东莞县沙田赋实征收实施办法第六条，文内"由县统筹拨支"句，均改为"由县按照田粮处规定县乡比率分配"。（二）审查纪录（乙）讨论事项第二案审查结果，"应与当地县政府密切联系"句，改为"应归当地县长指挥"，又第四案审查结果，全文改为"限七月底以前照具结原案由各该县长负责扫解"。

五、委员兼民政厅长王光海提议，紫金县长彭×撤职，遗缺拟派黄尚达代理；遂溪县长薛文藻辞职照准，遗缺拟派黄兆昌代理。谨检具各该员履历，请公决案。

（决议）通过。

广东省政府第十二届委员会
第三十三次会议纪录

时　间　七月一日

地　点　本府会议厅

出席者　薛　岳　李扬敬　王光海　张　建　黄范一　韩汉英
　　　　吴逸志　陆匡文　黄　晃

告假者　区芳浦　肖次尹

缺席者 香翰屏

列席者 欧 震 毛松年 冯启琮 巫 琦 段辅尧 陈昌五

主 席 薛 岳

纪 录 蔡长本 郭俊驹

宣读第三十二次会议纪录。

报告事项

一、主席报告，本府前为增加省市税收及协助国税整理起见，爰经拟定粤穗国省税务整理委员会组织规程草案，呈奉行政院本年六月十一日穗六字（四四二一）号指令修正为广东税务整理委员会组织规程，并准予试办等因；兹依照修正规程第三条规定，经分别聘区芳浦、丘国维、侯或华、陈秉铎、毛松年等五人为该会委员，以利进行，特将本案经过及聘任委员情形报告备查。

讨论事项

一、主席交议，为依据广东税务整理委员会组织规程第四条规定，订定该会考查国税办法及稽核省市税务办法，是否可行，请公决案。

（决议）通过。

二、主席交议，据田粮处签呈，关于中山县拟呈该县三十八年度征赋计划，及清理三十七年度沙田赋实奖惩法一案，经约同该县长等会同审核，分别修正，谨将修正原计划办法连同座谈纪录签请核夺等情，请公决案。

（决议）交李、区、黄、黄、陆五委员，及欧代公司令、黄处长、毛会计长审查，由李委员约集。

三、委员兼民政厅长王光海提议，增城县县长叶恭信辞职照准，遗缺拟派苏冠英代理；龙门县县长关耀宗辞职照准，遗缺拟派叶素平代理；封川县县长李嗣芬辞职照准，遗缺拟派叶颖基代理；开建县县长张孚亨另候任用，遗缺拟派伍穗新代理；梅茂县县长谭廷光另候任用，遗缺拟派陈宁清代理。谨检附各该员履历，请公决案。

（决议）通过。

广东省政府第十二届委员会
第三十四次会议纪录

时　间　七月五日

地　点　本府会议厅

出席者　薛　岳　李扬敬　王光海　张　建　余华沐　黄范一
　　　　韩汉英　吴逸志　陆匡文　肖次尹

告假者　区芳浦　黄　晃

缺席者　香翰屏

列席者　欧　震　毛松年　冯启琼　巫　琦　段辅尧　陈昌五

主　席　薛　岳

纪　录　蔡长本　郭俊驹

宣读第三十三次会议纪录。

报告事项

一、主席报告，本省前为遵照中央节约意旨，限制卷烟消费及培养国民经济起见，经饬由财政厅拟具广东省管理卷烟运销办法，及其施行细则，暨存货申报补费办法，提付粤穗海南财政整理委员会第一次会议议决通过，并公布自本年六月六日起施行，特检讨订颁管理卷烟运销办法等件报告备查。

讨论事项

一、主席交议，据会计处签呈，关于卸任无线电总台黄总台长呈，以于任内垫付本年一、二月电池及燃料费，共港币一千一百零八元八角，请拨还归垫一案，谨拟议意见，请核定等情，请公决案。

（决议）通过。

二、主席交议，据会计处签呈，关于田粮处呈请自本年七月份起由省库拨支该处员工薪饷一案，应否照准，请核定等情，请公决案。

（决议）该处六、七两月份员工薪饷，准照本府员工待遇办理，所需经费由该处在中央拨发薪饷项下统筹。

三、李、区、黄、黄、陆等五委员会复，奉交审查田粮处核议中山县三十八年度征赋办法一案，经会同审查完竣，谨列具意见，连同新拟该县三十八年度征赋实施办法，报请公决案。

（决议）照审查意见通过。

四、主席交议，据财政厅签，拟计发三十八年度革命同志养老金意见，请核定等情，请公决案。

（决议）照会计处签拟通过。

五、主席交议，据会计处签呈，关于省参议会编送本年下半年度粤参通讯月刊印刷费预算，请拨付一案，拟准在省库存款项下，以第一预备金科目签支，请核定等情，请公决案。

（决议）通过。

六、主席交议，据会计处签呈，关于建设厅前任谢厅长呈请核拨交代办公费及留办交代人员薪粮一案，谨拟议意见，请核夺等情，请公决案。

（决议）准留用交代人员五人，余照签拟通过。

七、全体委员提议，本省〔府〕为确保广东全省之安全，三千五百万人民之生存，特以最自由最民主最宽大之方式，处理祸国害民之叛逆分子，附具办法三项，请公决案。

（决议）修正通过。

八、主席交议，迭据各县电报水灾严重，堤围崩溃，人民流离失所，请急速拨款救济等情，应如何办理急赈，请公决案。

（决议）（一）先在省库存款项下拨港币一十万元，交广东省救灾会办理急赈。（二）严令有水灾县份之县长，限电到三日内详报灾情。（三）请中央速拨五百万银元办理振济。（四）请广东省救灾会发动募捐振济款项。（五）由府派王厅长光海、黄委员范一，会同有关机关团体，于两日内乘专机查勘东、西、北三江灾情摄影报核。

广东省政府第十二届委员会
第三十五次会议纪录

时　间　七月八日

地　点　本府会议厅

出席者　薛　岳　李扬敬　王光海　张　建　余华沐　黄范一
　　　　韩汉英　吴逸志　陆匡文　肖次尹　黄　晃

告假者　区芳浦

缺席者　香翰屏

列席者　欧　震　毛松年　冯启琼　巫　琦　郭汉鸣（王宗昙代）
　　　　段辅尧　陈昌五

主　席　薛　岳

纪　录　蔡长本　郭俊驹

宣读第三十四次会议纪录。

报告事项

一、主席报告。（略）

二、委员黄范一报告，七月七日会同各有关机关团体，派员乘机查勘东西北三江各县水灾及摄影经过情形。（略）

讨论事项

一、主席交议，兹拟定广东省政府、广东省保安司令部公物迁运委员会物资调运处组织规程，及编制预算表，暨该处香港办事处编制预算表，是否可行，请公决案。

（决议）组织规程及编制表修正通过，预算部分照会计处签拟办理。

二、（略）

三、主席交议，据建设厅呈，以据长途电话管理所签，请拨款购置零件修理库存话机以适应非常时期通讯一案，核属急要，谨转请核拨等情，请公决案。

（决议）照会计处附签办理。

四、主席交议，据田粮处签呈，为拟具中山县征赋示范区实施要点，请提会决定等情，请公决案。

（决议）通过，并令知省银行派员驻处收款。

五、主席交议，拟将广东省农田水利建设委员会、广东省农业推广委员会、广东工业增产委员会、广东粮食增产委员会等四机构予以撤销，其业务归入建设厅办理，是否可行，请公决案。

（决议）通过。

六、主席交议，据会者〔计〕处签呈，关于建设厅呈，以农林处并入该厅留用人员八人平均薪额较高，奉拨五月份下半月及六、七月薪俸不敷支应，请增拨一案，谨拟具增拨意见，请核定分行等情，经准予照办，请追认案。

（决议）追认。

七、委员兼民政厅长王光海提议，顺德县县长陈骥另有任用，遗缺拟派伍蓍代理；钦县县长王公宪因病辞职，拟照准，遗缺拟派颜天球代理。谨检附各该员履历，请公决案。

（决议）通过。

广东省政府第十二届委员会
第三十六次会议纪录

时　间　七月十二日

地　点　本府会议厅

出席者　薛　岳　李扬敬　王光海　张　建　黄范一　吴逸志
　　　　陆匡文　黄　晃

公出者　韩汉英　肖次尹

告假者　区芳浦　余华沐

缺席者　香翰屏

列席者　欧　震　毛松年　冯启琼　巫　琦　郭汉鸣（王宗昼代）

　　　　段辅尧　陈昌五

主　席　薛　岳

纪　录　蔡长本　郭俊驹

宣读第三十五次会议纪录。

报告事项

一、主席报告，奉行政院三十八年七月二日穗人字第五五二二号训令，以三十八年六月二十九日本院第七十一次会议决议，广东省政府委员兼建设厅厅长谢文龙呈请辞职，应免本兼各职，任命余华沐为广东省政府员兼建设厅厅长，除转请任免外，合行令仰知照等因，合报告备查。

二、秘书处报告，奉交下会计处签呈，关于建设厅转缴前公路局三十七年下半年度公路保养基金岁入岁出追加预算书一案，计岁入岁出，各列金圆券四十八万二千七百七十九元六角五分，核无不合，拟准照列，请核定等情，并奉准如拟办理。

三、秘书处报告，奉交下田粮处签呈，以第三十四次委员会议通过李委员等审查中山县三十八年度征赋办法一案之审查意见第三项，关于番禺、东莞、新会等三县征赋实施办法，对于提奖及加给催征经费暨超征提成费，照中山县办法分别修正饬县办理之规定，经依照分别将原核定番禺及东莞县，三十八年度沙田赋实征收实施办法第六条，新会县征赋实施办法第八条条文，分别修正，饬县遵办，谨签请察核等情，并奉准如拟办理。

讨论事项

一、主席交议，据会计处签呈，关于前任第八区专员兼保安司令莫希德电，以奉令交卸，请核拨交代办公费及留办交代人员三人薪粮一个月一案，谨拟议意见，请核定等情，请公决案。

（决议）通过。

二、委员兼教育厅长张建提议，省立长沙师范学校校长方××投共，拟撤职通缉，遗缺拟派张炘祥接充；省立岭东商业职业学校校长姚璵秀另候任用，遗缺拟派张震宇接充。检同各该员履历，请公决案。

（决议）通过。

三、全体委员提议，此次西北江及珠江各县水灾惨重，围堤崩溃，

90

农民荡产，本府前已拨款急振，惟灾民众多，深恐未能普济，兹拟将六月份卷烟管理费收入全数，拨交广东省救灾会办理急赈，以济灾民，是否有当，请公决案。

（决议）（一）本府所占部分照案通过。（二）广州绥靖公署及广州市政府应占部分，电请照数捐拨。

四、略。

五、主席交议，为展开本省救灾募捐运动，兹拟规定：（一）本府各委员及各厅处局行公司首长捐薪半个月。（二）省级各机关学校教职员各捐薪一日，均由各机关自行核计解缴省救灾会办理急振。是否有当，请公决案。

（决议）通过。

广东省政府第十二届委员会
第三十七次会议纪录

时　间　七月十五日

地　点　本府会议厅

出席者　薛　岳　王光海　张　建　余华沐　吴逸志　陆匡文

公出者　黄范一　韩汉英　肖次尹　黄　晃

告假者　李扬敬　区芳浦

缺席者　香翰屏

列席者　郭汉鸣（王宗昙代）　毛松年　冯启琼　巫　琦　段辅尧
　　　　　陈昌五

主　席　薛　岳

纪　录　蔡长本　郭俊驹

宣读第三十六次会议纪录。

报告事项

一、主席报告，据本省第十五区行政督察专员兼保安司令公署电，以该区地接越南，为便利洽办外事，请准予增设法文秘书乙员等情，查属需要，除电复照准外，合报告备查。

二、秘书处报告，奉交下会计处签呈，关于财政厅签，拟计发三十八年度革命同志养老金意见一案，经第三四次会议通过支发关元，并照中央规定每一关元折合港币六角计算。现财政厅以本省自七月份起，一切收支均以银元为本位，该项养老金应照核定港币数，以五与一之比改折银元支付，查属可行，拟请报会更正前案等情，并奉准如拟办理。

三、秘书处报告，奉交下会计处签呈，关于财政厅转缴广东造币厂筹备处开办费及筹备经费预算一案，计列开办费港币四十一万二千七百元，筹备经费第一个月分配数港币二万五千零一十元八角，第二个月分配数二万二千五百一十元八角，拟准自七月四日起实施，所需之款，拟由省银行分期垫付，请核示等情，并奉准如拟办理。

讨论事项

一、主席交议，据教育厅签呈，为拟定收复区省立学校经临费核发办法，请核示等情，请公决案。

（决议）交民政厅约集有关机关审查汇办。

二、主席交议，据会计处签呈，以本府合署办公各机关自裁员后人员减少，为因应业务需要，多临时招致资遣人员协助工作，并酌支交通费，此项人员自七月份起可否准以原薪支给，以维生活，请核示等情，请公决案。

（决议）通过。

三、主席交议，据会计处签呈，以县级员工待遇经核定自七月份起改发实物稻谷，关于各县无线电分台员工原定应领之无价配米及价领粮食，可否照县级自七月份起停止，抑照省级价领公粮办法办理之处，请核定等情，请公决案。

（决议）照省级价领公粮办法办理，由县粮项下价拨。

广东省政府第十二届委员会
第三十八次会议纪录

时　间　七月十九日

地　点　本府会议厅

出席者　薛　岳　李扬敬　王光海　张　建　余华沐　吴逸志
　　　　陆匡文　肖次尹

公出者　黄范一　韩汉英　黄　晃

告假者　区芳浦

缺席者　香翰屏

列席者　欧　震　毛松年　冯启琮　巫　琦　郭汉鸣（王宗昌代）
　　　　段辅尧　陈昌五

主　席　薛　岳

纪　录　蔡长本　郭俊驹

宣读第三十七次会议纪录。

报告事项

一、主席报告，本省第九区行政督察专员兼保安司令李××叛变附匪，经撤职通缉，遗缺权派柯远芬代理，除令派外，合报告备查。

讨论事项

一、主席交议，据田粮处签呈，关于番禺等县电，以最近粮价比较核定已东折价田赋标准价为高，公教团警待遇无法维持，请迅予调整折价标准一案，应否将本省各县田赋折价标准予以调整，请核示等情，请公决案。

（决议）交李秘书长约集各委员及有关机关审查。

二、主席交议，据财政厅田粮处会计处会签，奉交审议无大洋票银元及港币流通地区之新旧田赋仍否征收实物一案，遵经会同商讨，谨将会商结果，连同纪录签请核夺等情，请公决案。

（决议）并第一案审查。

三、主席交议，据田粮处签呈，为拟具三十八年度沙田征赋县份坐扣催征经费分配领用报销办法，请核示等情，请公决案。

（决议）修正通过。修正之点如左：（一）原办法第三条，"以三成为县府雇用巡轮租金"，句内之"三"字改为"四"字，又"如有不敷，由县地方款拨补，其余七成为沙区增用临时人员薪给"一节，改为"其余六成为各分处增用临时人员薪给"。（二）原办法第四条条文修正为"每月提扣催征经费，应于次月五日以前，将是月各分处征起数、县府与各分处提扣所得数，分别详确列表，由县连同支出领据呈请省政府核销"。

四、主席交议，据会计处签呈，关于第十五区专员兼保安司令谭朗星电，报赴任旅费预算请核拨一案，核计港币五百四十元，该款可否着在该署开办费项下支报，抑准在省库存款项下，以第一预备金科目签拨之处，请核定等情，请公决案。

（决议）准在省库第一预备【金】科目拨支。

五、主席交议，据会计处签呈，关于秘书处呈，以从新制发三十八年度本府合署办公各机关职员及来宾证章，计需港币六百九十二元，请指款拨支一案，拟准在省库存款项下以第一预备金科目签支，请核示等情，经准予照办，请追认案。

（决议）追认。

六、主席交议，准省保安司令部电，以本省军师团管区裁撤后，经遵照国防部电令，于本部设置兵役处，各区专保公署设置兵役科，接办兵役业务。兹拟具兵役处科编制表及经粮补给处理办法，请查照办理等由，请公决案。

（决议）通过。

七、主席交议，据会计处签呈，关于粮食经理委员会呈报粤穗民调会及穗汕两市配售员工奖金预算内，列该会负担部分，请示应否照案负担一案，请提会核定等情，请公决案。

（决议）准照案负担。

八、主席交议，据财政厅呈报，省库本提领国库六月份补助款关元一百零七万余元情形，及可能发生差额问题，暨拟具处理办法，请核示等情，请公决案。

（决议）第一项照财政厅签拟办理，第二项仍以大洋票为发放本位。

九、委员兼民政厅长王光海提议，梅县县长张××附匪作乱，经予撤职通缉归案讯办，遗缺拟派第九区行政督察专员柯远芬兼代；兴宁县县长陈××附匪作乱，经予撤职通缉归案讯办，遗缺拟派谢海筹代理；海丰县县长戴××撤职查办，遗缺拟派张诚代理。谨检附各该员履历，请公决案。

（决议）通过。

广东省政府第十二届委员会
第三十九次会议纪录

时　间	七月二十二日

地　点　本府会议厅

出席者　薛　岳　李扬敬　王光海　张　建　余华沐　黄范一
　　　　　吴逸志　陆匡文　肖次尹　黄　晃

公出者　韩汉英

告假者　区芳浦

缺席者　香翰屏

列席者　欧　震　毛松年　冯启琮　巫　琦　郭汉鸣（王宗县代）
　　　　　段辅尧　陈昌五

主　席　薛　岳

纪　录　蔡长本　郭俊驹

宣读第三十八次会议纪录。

报告事项

（无）

讨论事项

一、主席交议，拟撤销各县市刑警队，其业务拨入各该县市警察局（警佐）接办，以杜流弊，而利地方，当否，请公决案。

（决议）通过。

二、主席交议，据秘书处签呈，奉交研议撤销地政局，其业务并入民政厅设科办理一案。谨签拟意见两项，请核夺等情，请公决案。

（决议）照签呈第二项办理，自八月一日实行。

三、主席交议，据财政厅签呈，为拟具广东省政府造币厂监购委员会组织规程，请提会核定等情，请公决案。

（决议）交余、区、黄、黄、陆五委员及毛会计长审查，由余委员约集。

四、主席交议，据财政厅签呈，关于会计处签，拟筹发省级各机关八月份员工薪饷一案，遵经约集各有关机关会商拟定办法两项，请核定等情，请公决案。

（决议）通过。

五、主席交议，据田粮处签呈，关于本府前电海南特区行政长官公署将粮经会运存该区食米一千五百市担照市价九折发售一案，兹准该公署代电副本抄送发售办法十项，谨签拟意见，请核示等情，请公决案。

（决议）（一）照田粮处签呈及会计处附签办理。（二）短耗部分由田粮处切实查明严予追缴报核。

六、主席交议，据建设厅签呈，以据长途电话管理所呈，为币制业已改革，兹参照各公营事业机关营收改课银元办法，及比照交通部电信局所订话价，将该所现行话价改订大洋票课收，附具通话价目表，请核准前来，核属可行，拟准照办，请核示等情，请公决案。

（决议）修正通过。修正之点如左：（一）建设厅签呈办法内，"所请将话价改课银元一节"句，改为"所请将话价改课大洋票一节"。（二）原附通话价目表说明第七项，"本表以银元为计算单位"改为"本表以大洋票为计算单位"。

七、主席交议，据财政厅签呈，为币制业已改革，本府前定各县市场租及码头租之金圆券征率已不适用，兹据将各县市场租征额等级，及征收码头租办法第三条条文，予以修正，请核定施行等情，请公决案。

（决议）修正通过。修正之点如左：修正各县市市场租征额等级表，及各县征收码头租办法第三条条文内，凡有"银元"二字者，均一律改为"大洋票"。

八、主席交议，据会计处签呈，为拟具划一本省各机关本年七月一日起账务处理办法四项，请提会核定等情，请公决案。

（决议）通过。

九、主席交议，据会计处签呈，关于秘书处呈，以垫付本府雇用飞机查勘水灾及摄制照片费用，共港币五千零七十八元九角三分，除奉拨港币三千元外，余请补拨一案，拟准并在省预备金科目补拨，请核定等情，请公决案。

（决议）通过。

十、委员兼秘书长李扬敬函复，奉交审查田粮处签议，可否将本省各县田赋折价标准予以调整提高，及财政厅等审议无大洋票银元及港币流通地区之田赋，仍否征收实物之商谈意见两案，遵经约集各委员及有关机关审查完竣，谨列具意见，报请公决案。

（决议）照审查意见通过。

十一、委员兼教育厅长张建提议，省立钦州师范学校校长龙文焯另候任用，遗缺拟派陈智和接充；省立西江中学校长陈智乾另候任用，遗缺拟派冯肇光接充。检同各该员履历，请公决案。

（决议）通过。

广东省政府第十二届委员会
第四十次会议纪录

时　间　七月二十六日

地　点　本府会议厅

出席者　薛　岳　李扬敬　王光海　张　建　余华沐　黄范一
　　　　吴逸志　陆匡文　黄　晃

公出者　韩汉英　肖次尹

告假者　欧芳浦

缺席者　香翰屏

列席者　欧　震　毛松年　冯启琮　巫　琦　段辅尧　陈昌五
主　席　薛　岳
纪　录　蔡长本　郭俊驹
宣读第三十九次会议纪录。

报告事项

（无）

讨论事项

一、主席交议，据民政厅签呈，以东江各县渐次收复，善后工作急待办理，业经由本厅拟具广东省收复各县善后工作要领，并约集有关机关会商修正，谨请核夺等情，请公决案。

（决议）修正通过。修正之点如左：（一）原要领叁，充实地方武力第一项，"整编保安营及自卫总队"句，改为"整编保安营及各乡镇自卫队后备队"。（二）原要领拾，健全兵役行政第四项，全文删去。

二、主席交议，据田粮处签呈，以本处拟具三十八年度田赋中央应得银元购拨军粮办法，经遵批约集有关机关会商修正，谨请核示等情，请公决案。

（决议）修正通过。修正之点如左：原办法第十四条"各县如有存粮"句，改为"各县如有以前各年度国粮存粮"。

三、主席交议，据会计处签呈，关于民政厅呈，请将妇女习艺院院长改为专任，并发给薪粮一案，应否准自七月份起增拨该院一人薪俸公粮之处，请核示等情，请公决案。

（决议）通过。

四、余、区、黄、黄、陆五委员会复，奉交审查财政厅拟订广东省政府造币厂监购委员会组织规程一案，经会同审查完竣，谨列具意见，报请公决案。

（决议）照审查意见通过。

五、主席交议，据会计处签呈，关于本省大洋票发行准备金管理委员会编呈该会三十八年度经常费及开办费预算，请核拨一案，谨拟具意见，请核定等情，请公决案。

（决议）通过。

六、主席交议，据田粮处签呈，关于本处拟价发省级各机关八月份员役公粮一案，经遵批约集各有关机关，派代表会商拟定办法三项，检附座谈纪录请核定等情，请公决案。

（决议）照座谈纪录乙项试办。

七、委员兼民政厅长王光海提议，番禺县县长刘超常辞职照准，遗缺拟派曾昭贻代理；新委增城县县长苏冠英辞【不】赴任，遗缺拟派彭济义代理；饶平县县长洪之政已另有任用，遗缺拟派梁国材代理；潮安县县长陈×通匪有据业经正法，遗缺拟派第八区行政督察专员洪之政兼代。谨检附各该员履历，请公决案。

（决议）通过。

广东省政府第十二届委员会
第四十一次会议纪录

时　间　七月二十九日

地　点　本府会议厅

出席者　薛　岳　李扬敬　王光海　张　建　余华沐　黄范一
　　　　　　吴逸志　陆匡文　黄　晃

公出者　韩汉英　肖次尹

告假者　区芳浦

缺席者　香翰屏

列席者　欧　震　毛松年　冯启琮　巫　琦　段辅尧　陈昌五

主　席　薛　岳

纪　录　蔡长本　郭俊驹

宣读第四十次会议纪录。

报告事项

一、民政厅报告，查现任揭阳县县长何××，前在化县县长任内被告贪污一案，业经由本府移送省保安司令部，转送广东高等法院检察处办理，现准该处本年七月一日检纪丙字第一二六号代电，以案经饬据化县地方法院检察官容锡铭呈复，何宝书被告贪污一案，业于三十七年七月二十六日侦查终结，认为犯罪嫌疑不足，依法不予起诉处分等情电复过厅，合报告备查。

讨论事项

一、主席交议，据财政厅呈，为拟具粤穗卷烟管理局组织规程及编制经费预算，请核示等情，请公决案。

（决议）修正通过。修正之点如左：（一）组织规程部分。1. 第一条"特设立粤穗卷烟管理局"句，改为"由广东省政府财政厅设立粤穗卷烟管理局"。2. 第二条删去，第三格〔条〕至第十三条依次递改为第二条至第十二条。3. 新改第四、五、六、七各条文内，"本局设"之"设"字均改为"置"字。4. 新改第五条"指定其中一人为主任秘书"等十一字删去。5. 新改第八条条文修正为"本局署专员五人，委任待遇或荐任待遇，技士一人，课员十五人，会计课员二人，驻厂员十人，稽查员十四人，办事员五人，会计佐理员一人均委任待遇，分别办理各课及会计事务"。6. 新改第九条"雇员若干人"，改为"雇员五人"。（二）编制经费表部分。编制经费表照修正，组织规程各点分别修正，另列修正表附后。

二、主席交议，据财政厅编呈粤穗卷烟管理局三十八年度六至十二月份收支预算表，请核示等情，请公决案。

（决议）照预算表及会计处签呈通过。

三、主席交议，据田粮处签呈，以据第二运输站马站长呈，为接存粮食尚未清运，请准将该站延至八月底结束前来，可否照准，抑将运存横县沙坪等地之粮，拨还灵山县政府接收保管，或就地出售之处，请核示等情，请公决案。

（决议）准该站延至八月底结束，存粮限结束前全数运集肇庆，仍将运集情形具报。

四、主席交议，据会计处签呈，关于民政厅呈请补给本省故参议员苏大德、张民三两员丧葬费一案，奉交本处拟议，兹谨拟具意见，请核定等情，请公决案。

（决议）通过。

五、主席交议，据财政厅呈，为拟议人民守土伤亡抚恤金发给意见，请核定等情，请公决案。

（决议）照会计处签呈通过。

六、主席交议，据会计处签呈，关于无线电总台呈请核拨总台六、七、八月份电讯器材费一案，谨拟议意见，请核定等情，请公决案。

（决议）通过。

广东省政府第十二届委员会
第四十二次会议纪录

时　间　八月二日
地　点　本府会议厅
出席者　薛　岳　李扬敬　王光海　张　建　余华沐　黄范一
　　　　韩汉英　吴逸志　陆匡文　肖次尹
告假者　区芳浦　黄　晃
缺席者　香翰屏
列席者　欧　震　毛松年　冯启琼　巫　琦　段辅尧　郑天健
　　　　陈昌五
主　席　薛　岳
纪　录　蔡长本　郭俊驹
宣读第四十一次会议纪录。

报告事项

一、主席报告：（一）第四区行政督察专员兼保安司令韩建勋调省另候任用，遗缺以该区保安副司令龚楚升充。（二）乐昌县长薛纯武升兼第四区少将保安副司令，指挥乐仁两县剿匪事宜。（三）南雄县长华文治升兼第四区少将保安副司令，指挥南始两县剿匪事宜。（四）清远县长陈德用升兼第三区少将保安副司令，指挥清佛两县剿匪事宜。（五）翁源县长官家骥升兼第三区少将保安副司令，指挥翁新两县剿匪事宜。（六）河源县长黄锡彤升任第六区少将保安副司令。除分别令派函行外，合报告备查。

二、秘书处报告，奉交下会计处签呈，关于建设厅转呈，前公路局三十七年下半年度公路保养基金岁入岁出决算书，请核转一案，计岁入决算数共金圆券一百一十一万一千八百九十一元九角八分，岁出决算数共金圆券九十九万九千零八十三元零七分，经建设厅核明尚无不合，拟报会后分行请核示等情，并奉准如拟办理。

三、秘书处报告，奉交下会计处签呈，关于广州市新闻通讯业协会筹备会呈，以该会定八月一日成立，请赐予补助成立经费一案，拟准一次过补助成立经费大洋票五十元，款在本年度第二预备金项下开支，请核定分行后补报会议等情，并奉准如拟办理。

讨论事项

一、主席交议，据田粮处签呈，为拟议收复县份省立学校公粮之补发，及驻军保安部队县级人员保警粮食之筹给，暨历年田赋之清理意见，请核示等情，请公决案。

（决议）附匪而已领用公粮者，在没收其本人财产项下追偿，其余照签拟办理。

二、主席交议，据会计处签呈，关于秘书处呈请指款拨还垫付本府购买汽油偈油费一案，拟准在本年度第二预备金项下，开支大洋票七百八十三元七角四分，拨还该处归垫，请核定等情，请公决案。

（决议）通过。

三、主席交议，据会计处签呈，关于民政厅呈，以该厅留用人员平均薪额较高，奉拨薪俸不敷支应，请自六月份起补发一案，谨拟具意见，请核定等情，经准予照办，请追认案。

（决议）追认。

四、主席交议，据会计处签巨，关于第一区专保公署呈，以奉发迁移费与实际需支数相差甚巨，请准补发一案，拟准补发大洋票二百五十元，款在省库存款项下以第二预备金科目签拨，请核定等情，经准予照办，请追认案。

（决议）追认。

五、主席交议，拟将广东粮食经理委员会、广东燃料供销委员会、广东纱布供销委员会等三机构裁并广东物资调节委员会，关于裁并办法及裁并后物资会编制表，经饬据该会拟具前来，请公决案。

（决议）修正通过。修正之点如左：（一）原编制表"顾问"一行删去。（二）原编制表主任秘书等级改为"荐任待遇"，又秘书室及各组职员除雇员外，其余各员等级，均于各员阶级之下，一律加入"待遇"二字，例如秘书等级原为"荐任"，改为"荐任待遇"。（三）原编制表秘书室部分专员四人，改为二人，组员三人改为二人，修正后员额合计职员三十九人。

六、主席交议，据田粮处签呈，关于省保安司令部拟送三十八年下半年度保粮购拨接交暂行办法，嘱加具意见一案，经约集有关机关会同商讨，谨将商讨结果，连同原办法签请核夺等情，请公决案。

（决议）照田粮处签呈及财政厅、会计处会签办理。

七、主席交议，据民政厅签呈，奉交研商惠来、南山两县局经粮补给，及丰顺县善后费核拨办法一案，经约集有关机关会商，谨将商讨结果呈请核夺等情，请公决案。

（决议）（一）惠来、南山两县局员警准拨稻谷七百市石，按每市石五元五角折发大洋票，由七区专保公署照该两县局实有员警人数发给。（二）丰顺县善后费照拨大洋票一千元，仍俟县城收复后发给。（三）商议第三项照办。

八、主席交议，据会计处签呈，关于省立第一医院卫生试验所及医疗防疫巡回队等三机关请发迁琼公物行李运费一案，经再送由卫生处详核，列具各该机关所需运费数目过处，请提会核定等情，请公决案。

（决议）通过。款在应变费户拨支。

九、委员兼教育厅长张建提议：（一）省立老隆师范学校校长张××附逆，经撤职通缉在案，遗缺拟派张开照接充。（二）省立兴宁高级工业职业学校校长罗雄才辞职，拟予照准，遗缺拟派何新发接充。（三）省立梅州中学校长刘××据第九区柯专员电告通匪有据，已予看管，拟先撤职，遗缺拟派朱希仁接充。（四）省立罗定中学校长唐廷纲拟另候任用，遗缺拟派陈镜清接充。谨检同各该员履历，请公决案。

（决议）通过。

十、委员兼民政厅长王光海提议，乳源县县长陈进取因病辞职照准，遗缺拟派廖仲民代理；河源县县长黄锡彤升调第六区少将保安副司令，遗缺拟派第六区行政督察专员黄志鸿兼代；大埔县县长饶××撤职查办，遗缺拟派涂黼廷代理。谨检附各该员履历，请公决案。

（决议）通过。

广东省政府第十二届委员会
第四十三次会议纪录

时　间　八月五日
地　点　本府会议厅
出席者　薛　岳　李扬敬　王光海　张　建　余华沐　黄范一
　　　　韩汉英　吴逸志　陆匡文　肖次尹
告假者　区芳浦　黄　晃
缺席者　香翰屏
列席者　欧　震　毛松年　冯启琮　巫　琦　段辅尧　郑天健
　　　　陈昌五
主　席　薛　岳
纪　录　蔡长本　郭俊驹

宣读第四十二次会议纪录。

报告事项

一、秘书处报告，奉交下会计处签呈，关于建设厅呈，为教育厅及省立仲恺高级农业职业学校先后函，请将前农林处蚕桑改良场，裁撤后暂交顺德县大晚乡保管之蚕具，拨交该校应用一案，查该场蚕具前经建设厅奉准将一部赠送中山大学农学院，其余未赠送部分，拟照建设厅意见，饬县移交该校接收，并饬将接收蚕具名称数量列册报府备查，请核示等情，并奉准如拟办理。

二、秘书处报告，以本府前为惩治械斗，安定社会秩序，特改订广东省惩治械斗办法，提付三十七年十二月二十一日第十一届委员会，第六二次会议通过，并呈请行政院核准后施行，现奉行政院本年七月五日穗田字第五五六〇号指令，以该办法所定各刑过重，核与现行刑法颇多抵触，应毋庸改订，饬知照等因，合报告备查。

讨论事项

一至二、（略）

三、主席交议，据秘书处签呈，关于民政厅约集有关机关审查教育厅拟定收复区省立学校经临费核发办法一案结果，谨签具意见，请核夺等情，请公决案。

（决议）除离校未参加匪方活动者，分饬专员县长查明册报核发外，其余照签拟通过。

四至六、（略）

七、主席交议，据田粮处签呈，以据中山县政府呈缴沙田征赋示范区征收办法座谈纪录，请察核前来，兹分别核议意见，请核示等情，请公决案。

（决议）通过。

八、委员兼民政厅长王光海提议，新委顺德县县长伍蕃辞不赴任，拟予撤委，遗缺拟派罗福耀代理；中山县县长孙×撤职查办，遗缺拟派郑天健代理；仁化县县长龚楚经调升新职，遗缺拟派林显代理；曲江县县长殷卓伦调府任用，遗缺拟派第四区行政督察专员龚楚兼代。谨检附各该员履历，请公决案。

（决议）通过。

广东省政府第十二届委员会
第四十四次会议纪录

时　　间　八月九日

地　　点　本府会议厅

出席者　薛　岳　李扬敬　王光海　张　建　余华沐　黄范一
　　　　韩汉英　吴逸志　陆匡文　肖次尹

告假者　区芳浦　黄　晃

缺席者　香翰屏

列席者　毛松年　冯启琼　巫　琦　段辅尧　陈昌五

主　席　薛　岳

纪　录　蔡长本　郭俊驹

宣读第四十三次会议纪录。

报告事项

一、秘书处报告，奉交下会计处签呈，关于建设厅呈报前托宝业公司代购之一千公里电话器材一批，遵经于本年五月十四日全部移交省保安司令部接收清楚，列具电话器材交接清册，请核备一案，拟准备查，请核示等情，并奉准如拟办理。

讨论事项

一、主席交议，据建设厅呈，为拟组织水灾缺堤临时测量队，分区测量以作修堤准备，附具测置队组织编制及预算，请核示等情，请公决案。

（决议）（一）测量队由珠江水利局、建设厅及地政局等三机关，就现有技术员工组成之，并由余厅长会商办理。（二）函知省救灾会。（三）经费预算由省库开支。

二、主席交议，据财政厅签呈，为币制业已改革，兹拟修正本省各县（市局）营业牌照税征率等级表，请核定施行等情，请公决案。

（决议）通过。

三、主席交议，据会计处签呈，为拟具本省各县市局三十八年下半年度总预算处理暂行办法，请核定等情，请公决案。

（决议）通过。

四、主席交议，据财政厅呈，关于已完纳管理费之土制卷烟运销海南及闽省，经分别决定退减管理费办法，请察核等情，请公决案。

（决议）通过。

五、主席交议，据会计处签呈，拟议本省各县市局自卫经费监核委员会设置专任干事薪给及增设公役一名工饷，暨该会办公费支给标准，请核示等情，请公决案。

（决议）通过。

六、（略）

七、主席交议，据会计处签呈，关于本府前饬省银行垫付印制国防部颁发空白电报密本印刷费港币二千三百二十元，拟照四比一折合大洋票五百八十元拨还该行，款在省库存款项下以第一预备金科目签拨，请核定等情，请公决案。

（决议）通过。

八、主席交议，据田粮处签呈，关于教育厅呈请以现款清发省立廉州中学等七校五月份下半月及六月份薪饷一案，遵经约集各有关机关会同商具意见，请核定等情，请公决案。

（决议）通过。

九、（略）

广东省政府第十二届委员会
第四十五次会议纪录

时　　间　八月十二日
地　　点　本府会议厅
出席者　薛　岳　王光海　张　建　余华沐　韩汉英　吴逸志
　　　　陆匡文　肖次尹　黄　晃
公出者　李扬敬
告假者　区芳浦　黄范一
缺席者　香翰屏
列席者　欧　震　毛松年　冯启琼　巫　琦　段辅尧　陈昌五
主　　席　薛　岳
纪　　录　蔡长本　郭俊驹
宣读第四十四次会议纪录。

报告事项

一、秘书处报告，奉交下会计处签呈，以本处奉令改组为广东省政府主计处，兹遵于本年八月十二日实行，又层奉总统府颁发广东省政府主计处关防及处长官章各乙颗，于同日启用，请察核等情，并奉准如拟办理。

二、秘书处报告，奉交下建设厅呈，以长途电话管理所各段所站通话价目，前经本府第三九次委员会议核定，改订以大洋票课收，并转饬遵照在案，现据该所呈报，上项新订话价已遵于八月一日起施行，谨转报察核等情，并奉准报会后存查。

讨论事项

一、主席交议，据财政厅签呈，以本省新旧田赋经核定改征大洋票，关于各县市局向自然人征收自卫特捐，仍否照征稻谷，抑照案改征大洋票之处，请核夺等情，请公决案。

（决议）准照原办法办理。

二至三、（略）

四、委员兼教育厅长张建提议，省立工业专科学校校长王仁宇辞职照准，遗缺拟派余文照接充，谨检附该员履历，请公决案。

（决议）通过。

广东省政府第十二届委员会
第四十六次会议纪录

时　　间　八月十六日

地　　点　本府会议厅

出席者　　薛　岳　李扬敬　王光海　张　建　余华沐　吴逸志
　　　　　陆匡文　肖次尹　黄　晃

告假者　　区芳浦　黄范一　韩汉英

缺席者　　香翰屏

列席者　　欧　震　毛松年　冯启琼　巫　琦　段辅尧　陈昌五

主　　席　薛　岳

纪　　录　蔡长本　郭俊驹

宣读第四十五次会议纪录。

报告事项

一、（略）

二、主席报告，为加强剿匪力量、适应作战需要，兹派欧阳磊兼任广东省保安第一纵队司令，邓挥兼任广东省保安第二纵队司令，薛汉光兼任广东省保安第三纵队司令，龚楚兼任广东省保安第四纵队司令，李楚瀛兼任广东省保安第五纵队司令，黄志鸿兼任广东省保安第六纵队司令，陈丹青兼任广东省保安第七纵队司令，洪之政兼任广东省保安第八纵队司令，柯远芬兼任广东省保安第九纵队司令，李江兼任广东省保安第十纵队司令，谢锡珍兼任广东省保安第十一纵队司令，谭启秀兼任广东省保安第十二纵队司令，吴斌兼任广东省保安第十三纵队司令，董煜兼任广东省保安第十四纵队司令，谭朗星兼任广东省保安第十五纵队司令，并派现任各县县长兼任各该区县支队司令，合报告备查。

三、秘书处报告，奉交下建设厅呈，以本厅发给渔业执照，前经订定登记费收金圆券十元，执照费收金圆券五百万元，现币制业已改革，兹分别改订为登记费收银元五角，执照费收银元五元，请察核等情，并奉批报会。

讨论事项

一、主席交议，据田粮处签呈，为奉中央核定本省三十八年度田赋征率及征收办法与本省原定标准不同，拟请仍准照本省原拟办理，至九月一日起，应否复征实物抑调整折价标准仍予折征，请核示等情，请公决案。

（决议）签拟第一项如拟，第二项仍照本府规定办理。

二、主席交议，据主计处签呈，关于教育厅呈缴三十八年度省立学校教职员退休金及抚恤金预算，请核转饬拨一案，谨拟具意见，请核定等情，请公决案。

（决议）照革命同志养老金发给办法办理，款在补助教育经费内预备费项下拨支。

三、主席交议，据主计处签呈，关于教育厅转缴省立文理学院讲师巫士华请领退休金书表，请核办一案，谨拟具意见，请核定等情，请公决案。

（决议）此类公教人员请求退休案件，在剿匪期内暂缓办理。

四、主席交议，据前会计处签呈，以该处奉令改组为主计处，依照规定须办理移交，请饬财政厅在省库存款项上，以第二预备金科目签拨交代经费一个月，计大洋票五百四十八元三角五分等情，经准予照办，请追认案。

（决议）追认。

五、（略）

六、委员兼教育厅长张建提议，为订定本省非常时期省立院校三十八年度第一学期收费标准，是否有当，请公决案。

（决议）通过。

七、委员兼财政厅长区芳浦提议，拟派陈昌五代理本厅主任秘书，林猷甫代理本厅秘书，谨检附各该员履历，请公决案。

（决议）通过。

广东省政府第十二届委员会
第四十七次会议纪录

时　　间　八月十九日

地　　点　本府会议厅

出席者　　薛　岳　李扬敬　王光海　余华沐　黄范一　吴逸志
　　　　　陆匡文　肖次尹　黄　晃

公出者　　张　建

告假者　　区芳浦　韩汉英

缺席者　　香翰屏

列席者　　毛松年（陈馥卿代）　冯启琼　巫　琦　段辅尧　陈昌五
　　　　　廖鸾杨

主　　席　薛　岳

纪　　录　蔡长本　郭俊驹

宣读第四十六次会议纪录。

报告事项

一、秘书处报告，奉交下建设厅签呈，以据长途电话管理所呈，以该所用户月费，前经奉准自本年五月份起，甲种用户收新兴白米二十五市斤，乙种用户收二十市斤，现币制业已改革，兹拟自八月份起，将甲种用户月费收大洋票二元五角，乙种用户月费收大洋票二元，请核准前来，查核尚合，拟予照准，请核示等情，并奉准如拟办理。

二、秘书处报告，奉交下主计处签呈，关于财政厅呈，为已将前编印存各营业税票照寄发各县备用，计垫支邮寄费港币四百九十八元一角七分，请拨发归垫一案，拟准折发大洋票一百二十四元五角四分，款在省库存款项下，以营业税征收经费科日签拔，请核定分行后报会议等情，并奉准如拟办理。

讨论事项

一、主席交议，据田粮处、财政厅、主计处会签，关于各县三十八年度田赋在折征期内仍征实物，应如何制裁及善后一案，遵经会同商具意见，请核夺等情，请公决案。

（决议）通过。

二至三、（略）

四、委员兼民政厅长王光海提议，博罗县县长吴舜农调省另候任用，遗缺派张希贤代理，谨检附该员履历，请公决案。

（决议）通过。

广东省政府第十二届委员会
第四十八次会议纪录

时　间　八月二十三日
地　点　本府会议厅
出席者　薛　岳　李扬敬　王光海　余华沐　黄范一　吴逸志
　　　　陆匡文　肖次尹　黄　晃
公出者　张　建
告假者　区芳浦　韩汉英
缺席者　香翰屏
列席者　欧　震　毛松年　冯启琼　段辅尧　陈昌五　廖鸾杨
　　　　崔文卿

主　席　薛　岳

纪　录　蔡长本　郭俊驹

宣读第四十七次会议纪录。

报告事项

一、主席报告，为明了近省较大县份施政情形，特派王厅长出巡视导南海、番禺两县县政，张厅长出巡视导中山、顺德两县县政，肖委员出巡视导新会、台山两县县政，并督征各该县田赋，另派田粮处巫副处长出发东莞、增城两县，督征田赋，合报告备查。

讨论事项

一、主席交议，据建设厅签呈，为拟具广湛公路各渡口渡车船管养办法两项，请核夺等情，请公决案。

（决议）各渡口饬由当地县（市）政府接管，管理费照主计处签拟第二项办理。

二、主席交议，据主计处签呈，关于无线电总台呈请拨款购发蕉岭等十四县局及第九区专署无线电机一案，经由建设厅核计需港币三万四千零三十一元，拟准以四比一折发大洋票，款在第二预备金科目签拨，请核示等情，请公决案。

（决议）通过。

三、主席交议，据田粮处签呈，以本年度田赋于九月一日起复征实物，对于治安不靖地区，拟援照历年成案仍准折征银元，至折征标准应否重行调整，谨拟具申东调整标准价计算表，请核夺等情，请公决案。

（决议）交肖、王、张、黄、黄、陆等六委员及财政厅、田粮处、主计处审查，由肖委员约集。

四、（略）

五、委员兼民政厅长王光海提议，新丰县县长陈××撤职，遗缺拟派许剑虹代理；五华县县长钟定天辞不赴任，应予撤委，遗缺拟派黄清华代理。谨检附各该员履历，提请公决案。

（决议）通过。

广东省政府第十二届委员会
第四十九次会议纪录

时　间　八月二十六日

地　点　本府会议厅

出席者　薛　岳　李扬敬　王光海　毛松年　余华沐　黄范一
　　　　吴逸志　陆匡文　肖次尹　黄　晃

公出者　张　建

告假者　韩双英

缺席者　香翰屏

列席者　欧　震　冯启琼　巫　琦　段辅尧　廖鸾杨

主　席　薛　岳

纪　录　蔡长本　郭俊驹

宣读第四十八次会议纪录。

报告事项

一、主席报告：（一）本府委员兼财政厅厅长区芳浦，因久病未愈，恳辞本兼各职，经权予照准，并先权派毛松年代理本府委员兼财政厅厅长。（二）本府主计处处长毛松年已另有任用，遗缺经权派陈昌五代理。（三）广东田赋粮食管理处处长黄××放弃职守，着予撤职，遗缺经权调该处副处长巫琦升充，递遗副处长缺派邬奋鹏代理。（四）本省地政局局长郑天健已另有任用，应予免职，遗缺经调秘书处人事室主任王独任代理，所遗本府秘书处人事室主任派韩俭周代理。除分别令派饬交接具报外，合报告备查。

二、秘书处报告，奉交下财政厅报告，以关于土烟税、土酒税、薰烟叶税及特种营业税等四种税，奉令移归省办一案，前经拟具接办意见两项，签奉核定，并遵经先饬各县市税捐处或不设处之县局接管稽征，一面筹备招投工作，俾资衔接而免税收中断，至本案交接步骤，业经本厅会同广东区国税局洽定办法五项，并会衔通饬遵办在案，谨将本案办理经过情形，报请察核等情，并奉批报会备查。

讨论事项

一、主席交议，据教育厅呈，关于中山县恢复设置该县教育局一案，前经呈奉核定，准予恢复设置，并令饬成立在案，至该局组织规程及编制表，经由中山县政府拟呈到厅并分别酌予修正，请核示等情，请公决案。

（决议）将局裁撤改科，编制员额由县政府统筹。

二、主席交议，据主计处签呈，为拟议各机关临时请求动支预备金及新兴事业费科目案件，应报提会标准，请核定等情，请公决案。

（决议）通过。

三、主席交议，关于主计处签呈，拟具省级公务员工长警薪饷及公费待遇标准办法一案，经交由李委员约集各委员暨主计处田粮处审查，列具审查意见，签核前来，请公决案。

（决议）照审查意见通过。

四、肖、王、张、黄、黄、陆等六委员会复，奉交审查田粮处签拟，本省治安不靖地区田赋拟准折征银元，并调整折价标准一案，经会同审查完竣，谨列具意见，请公决案。

（决议）照审查意见通过。

五、全体委员提议，本府前任地政局长郭××，于上月潜赴香港勾结叛逆发表附匪宣言，逆迹昭著，除呈请通缉外，拟援案将该逆全部财【物】予以没收，拨作救灾专款，是否有当，请公决案。

（决议）通过，交民政、财政两厅查明执行。

六、委员兼民政厅长王光海提议，平远县县长王纯仁另有任用，遗缺拟派郭虎三代理，谨检附该员履历，请公决案。

（决议）通过。

广东省政府第十二届委员会
第五十次会议纪录

时　间　八月三十日

地　点　本府会议厅

出席者　薛　岳　李扬敬　王光海　毛松年　张　建　余华沐
　　　　黄范一　韩汉英　吴逸志　陆匡文　肖次尹　黄　晃

缺席者　香翰屏

列席者　欧　震　陈昌五　冯启琼　巫　琦　段辅尧

主　席　薛　岳

纪　录　蔡长本　郭俊驹

宣读第四十九次会议纪录。

报告事项

一、主席报告，本府前为适应剿匪需要，特于本年七月一日签呈行政院，请暂将广州市政府改归本府管辖，以一事权，而备应变，现奉行政院本年八月二十七日穗一字第七四九七号指令开："呈悉，所请暂将广州市政府授权该省政府负责指挥监督一节，经提出本年八月二十四日本院第八十五次会议决议通过，除令饬广州市政府遵照外，仰即知照"等因。除分行知照外，合报告备查。

二、秘书处报告，奉交下主计处签呈，关于卫生处呈，以省立第一医院所借广州市警察学校贮藏器材之房舍，前准广州卫戍总司令附函催限期迁出，经饬该院将所有原存该校器材全部迁放本处西湖路仓库，据称计支出迁移费港币九百二十元，检同单据二纸，转请核拨一案，该款据〔拟〕以四比一折合大洋票二百三十元，在本年度第一预备金科目开支，请核定分行后报会议等情，并奉准如拟办理。

三、秘书处报告，奉交下省银行呈，以增印大洋票辅币券七十万元一案，经因应需求，暂先加印半数，即五分票四百万张，合面额二十万元，一分票一千五百万张，合面额一十五万元，除函中华书局香港印刷厂办理外，谨请察核等情，并奉批列报会议。

四、秘书处报告，奉交下省银行呈，以本行奉饬发行大洋票以来，经先后将券料拨运佛山市桥等地行处，饬切实配合各县税收积极推展发行，兹查各县截至八月十八日止，发行数字据报海口（二千）元，石龙（三百五十五）元，佛山（一百七十七）元，汕头（包括潮、揭、饶、汕尾等地）（二万九千四百一十）元，韶关（三千六百五十二）元，中山（六百）元，市桥（三百七十）元，各属合计发行流通额为（三万六千五百六十四）元，至广州区截至八月二十日止，流通额为（三十三万九千七百一十八）元，合计实际流通额共为（三十七万六千二百八十二）元，谨将发行情形，呈报察核等情，并奉批列报会议。

讨论事项

一、（略）

二、主席交议，据财政厅签呈，为拟具各县市代征土烟、土酒、薰烟叶及特种营业等四种税提支经费办法，连同收支估计表，签请核示等情，请公决案。

（决议）通过。

三、主席交议，据财政厅签呈，以据粤穗卷烟管理局呈，拟自九月一日起紧缩员额，附拟紧缩意见三项一案，谨核具意见，请核示等情，请公决案。

（决议）（一）被裁员工准发给九月份半个月薪津公粮作为资遣费。（二）资遣费在烟农贷款项下借垫，仍由经征经费项下拨还。（三）余照签拟通过。

四、（略）

五、主席交议，据主计处签呈，关于建设厅呈缴约集珠江水利局及地政局洽商联合组织水灾缺堤临时测量队座谈纪录，请核示一案，谨拟议意见，请核定分行等情，经准予照办，请追认案。

（决议）追认。

六、（略）

七、委员兼民政厅长王光海提议，新委龙门县县长叶素平久不赴任，拟予撤委，遗缺拟派韩家让代理；广宁县县长古××畏罪潜逃，拟予撤职缉办，遗缺拟派陈嗣运代理。谨检附各该员履历，提请公决案。

（决议）通过。

职官名录

一、广东省政府职官名录（1925—1949）
第一届①（1925.7.3—1926.11.10）

主　席

　　许崇智　1925.7.2 当选

民政厅厅长

　　古应芬　1925.7.1 任

财政厅厅长

　　廖仲恺　1925.7.1 任　　　　　　1925.8.20 亡

　　古应芬　1925.8 任　　　　　　　1925.9.3 免

　　李基鸿　1925.9.3 任　　　　　　1925.9.20 免

　　宋子文　1925.9.20 任

教育厅厅长

　　许崇清　1925.7.1 任

建设厅厅长

　　孙　科　1925.7.1 任

商务厅②厅长

　　宋子文　1925.7.1 任　　　　　　1926.3.8 免

　　李禄超　1926.3.8 任

实业厅厅长

　　李禄超　1926.4.6 任

------

① 1925 年 7 月 1 日，国民政府于广州成立。广东省长公署同时改组，于 1925 年 7 月 3 日成立广东省政府。广州国民政府于是年 7 月初制定省政府组织法，规定省政府以民政、财政、教育、建设、商务、农工、军事各厅组成。各厅设厅长一人，联合组成省务会议，并推举一人为主席。

② 1926 年 4 月 1 日改名为实业厅。

农工厅厅长

　　陈公博　1925.7.1 任　　　　　　1926.7.15 免

　　刘纪文　1926.7.15 任

军事厅厅长①

　　许崇智　1925.7.1 任

地土厅②**厅长**

　　周佩箴　1926.2.23 任

土地厅厅长

　　周佩箴　1926.4.13 任

第二届③（1926.11—1927.7）

主　席

　　孙　科　1926.11.13 推举

　　朱家骅　1927.5.12 代任

常务委员

　　孙　科　1926.11.13 推举

　　陈树人　1926.11.13 推举　　　　1927.5.12 免

　　宋子文　1926.11.13 推举

　　李济深　1926.11.13 推举

---

　　①　1925 年 9 月 28 日，军事厅厅长一职暂不设置，其职务由军事委员会处理。1926 年 11 月重设。

　　②　1926 年 4 月 13 日改名为土地厅。

　　③　1926 年 11 月，国民政府修正省政府组织法，规定由国民政府任命委员 7—11 人，组成省政府委员会。由委员推选常务委员 2—5 人，并由常务委员互推一人为主席。省政府下设民政、财政、建设、教育、司法、军事各厅，必要时得增设农工、实业、土地等厅。各厅厅长由委员兼任。1927 年 4 月 18 日宁汉分裂后，此届政府作了局部改组。

甘乃光　1926.11.13 推定

朱家骅　1927.5.12 推举

许崇清　1927.5.12 推举

陈　融　1927.5.12 推举

陈耀祖　1927.5 任

刘栽甫　1927.5.26 推举

委　员

陈树人　1926.11.10 任　　　　1927.7.9 免

宋子文　1926.11.10 任　　　　1927.7.9 免

孙　科　1926.11.10 任　　　　1927.4.22 免

许崇清　1926.11.10 任　　　　1927.7.9 免

徐权伯　1926.11.10 任　　　　1927.5.7 免

李济深　1926.11.10 任　　　　1927.7.9 免

陈孚木　1926.11.10 任　　　　1927.7.9 免

李禄超　1926.11.10 任　　　　1927.7.9 免

周佩箴　1926.11.10 任　　　　1927.7.9 免

何香凝　1926.11.10 任　　　　1927.4.22 免

甘乃光　1926.11.10 任　　　　1927.7.9 免

古应芬　1927.5.7 任

陈　融　1927.5.7 任

徐景唐　1927.5.7 任

陈耀祖　1927.5.7 任

李朗如　1927.5.7 任

朱家骅　1927.5 任

刘栽甫　1927.5 任

民政厅厅长

陈树人　1926.11.10 任　　　　1927.7.9 免

朱家骅　1927.5 代任

财政厅厅长

宋子文　1926.11.10 任　　　　1927.7.9 免

孔祥熙　1927.3.22 代　　　　1927.4.2 就职

建设厅厅长

    孙　科　1926.11.10 任　　　　　1927.7.9 免

    陈耀祖　1927.3.22 代

教育厅厅长

    许崇清　1926.11.10 任　　　　　1927.7.9 免

司法厅厅长

    徐权伯　1926.11.10 任　　　　　1927.4 免

    陈　融　1927.5 任

军事厅厅长

    李济深　1926.11.10 任　　　　　1927.7.9 免

    徐景唐　1927.5 任

农工厅厅长

    陈孚木　1926.11.10 任　　　　　1927.7.9 免

实业厅厅长

    李禄超　1926.11.10 任　　　　　1927.7.9 免

土地厅厅长

    周佩箴　1926.11.10 任　　　　　1927.6.27 免

第三届[①]（1927.8.1—1928.6）

主　席

    李济深　1927.8.1 当选

[①] 1927 年 7 月，国民政府公布修改省政府组织法，规定省府委员人数为 9—15 人，废除常务委员制，设主席一人，由委员互选之。省府下设民政、财政、建设、军事、司法各厅，必要时得增设教育、农工、实业、土地等厅，每厅设厅长一人，由国民政府任命省政府委员兼任。1927 年 10 月 25 日，国民政府公布的省政府组织法，规定省政府主席改为由国民政府指定，于主席不能执行职务时，由委员互选一人暂行代理。

委　员

李济深　1927.7.11 任

李文范　1927.7.11 任

古应芬

曾养甫　1927.7.11 任

朱家骅　1927.7.11 任

李禄超　1927.7.11 任

冯祝万　1927.7.11 任

陈　融　1927.7.11 任

陈可钰　1927.7.11 任

张难先　1927.7.11 任

邓泽如　1927.7.11 任

徐景唐　1927.8.16 任

许崇清　1927.8.16 任

梁漱溟　1927.8.16 任

伍观淇　1927.8.27 任

陈公博　1927.10 任

谢婴白　1927.10 任

邹敏初　1927.10 任

陈树人　1927.10 任

朱兆莘　1927.11 任

朱晖日　1927.11 任

刘栽甫　1928.1 任

马超俊　1928.1 任

陈铭枢　1928.2 任

吴铁城　1928.2 任

民政厅厅长

李文范　1927.7.11 任

陈公博　1927.10 派代

刘截甫　1928.1.12 接印视事

财政厅厅长

古应芬　1927.7.11 任　　　　　　1927.9 辞

冯祝万　1927.9.8 接印视事　　　1927.10 辞

邹敏初　1927.10 派代

冯祝万　1928.1.14 接印视事

教育厅厅长

朱家骅　1927.7.11 任

建设厅厅长

曾养甫　1927.7.11 任　　　　　　1927.10.24 卸

陈树人　1927.10.24 就职

吴铁城　1928.2.6 就职代理　　　1928.7.1 卸

实业厅①厅长

李禄超　1927.7.11 任

农工厅②厅长

冯祝万　1927.7.11 任

谢婴白　1927.10 代

马超俊　1928.1.11 接印视事　　　1928.6.30 卸

司法厅③厅长

陈　融　1927.7.11 任

军事厅④厅长

陈可钰　1927.7.11 任

朱晖日　1927.11 任

徐景唐　1928.1 任

土地厅厅长

张难先　1927.7.11 任

---

①　实业厅于 1928 年 6 月底结束。

②　农工厅于 1928 年 6 月 30 日结束。

③　1927 年 10 月 29 日，国民政府令各省裁撤司法厅。广东司法厅于 1928 年 1 月 20 日为广东高等法院接收。

④　1928 年 3 月，广东政治分会决议取消广东军事厅。

第四届（1928.7.3—1929.7）

主　席

李济深　1928.6.28 任　　　　　1928.11.27 辞

陈铭枢　1928.11.27 指定

委　员

李济深　1928.6.28 任　　　　　1928.12.31 辞

陈铭枢　1928.6.28 任　　　　　1929.7.8 免

徐景唐　1928.6.28 任　　　　　1929.7.8 免

冯祝万　1928.6.28 任　　　　　1929.7.8 免

刘栽甫　1928.6.28 任　　　　　1929.4.29 免

伍观淇　1928.6.28 任　　　　　1929.7.8 免

许崇清　1928.6.28 任　　　　　1929.7.8 免

吴铁城　1928.6.28 任　　　　　1929.7.8 免

李禄超　1928.6.28 任　　　　　1929.7.8 免

朱兆莘　1928.6.28 任　　　　　1929.5.4 免

马超俊　1928.6.28 任　　　　　1929.7.8 免

黄　节　1928.6.28 任　　　　　1929.6.12 免

陈济棠　1928.12.31 任　　　　1929.7.8 免

李文范　1928.12.31 任　　　　1929.7.8 免

范其务　1929.4.29 任

民政厅厅长

刘栽甫　1928.6.28 任　　　　　1928.12.31 辞

李文范　1928.12.31 任

许崇清　1928.12.31 代　　　　1929.6.12 免

陈铭枢　1929.6.12 暂代

财政厅厅长

冯祝万　1928.6.28 任　　　　　　1929.4.29 免

范其务　1929.4.29 任　　　　　　1929.7.8 免

教育厅厅长

黄　节　1928.6.28 任　　　　　　1929.6.12 免

许崇清　1929.6.12 任　　　　　　1929.7.8 免

建设厅厅长

马超俊　1928.6.28 任　　　　　　1929.7.8 免

第五届①（1929.7—1931.6）

主　席

陈铭枢　1929.7.8 指定

委　员

陈铭枢　1929.7.8 任

邓泽如　1929.7.8 任　　　　　　1929.8.12 免

范其务　1929.7.8 任

许崇清　1929.7.8 任

孙希文　1929.7.8 任

林云陔　1929.7.8 任

曾　塞　1929.7.8 任

林翼中　1929.7.8 任

金曾澄　1929.7.8 任

邓彦华　1929.8.12 任

---

①　1930 年 2 月 3 日，国民政府公布的省政府组织法，规定省政府委员 7—9 人组织省政府委员会，并由国民政府就委员中任命一人为主席，各厅厅长由国民政府就委员中任命。

黄居素　1930.1 任

民政厅厅长

　　陈铭枢　1929.7.8 任　　　　　　1930.1 免

　　许崇清　1930.1 任

财政厅厅长

　　范其务　1929.7.8 任　　　　　　1931.5 辞

　　林云陔　1931.5 公推

教育厅厅长

　　许崇清　1929.7.8 任　　　　　　1930.1 免

　　金曾澄　1930.1 任

建设厅厅长

　　邓泽如　1929.7.8 任　　　　　　1929.8.12 免

　　邓彦华　1929.8.12 任

第六届[①]（1931.6.2—1936.7.17）

主　席

　　林云陔　1931.6 任

　　　　　　1936.7.13 任　　　　　　1936.7.29 免

委　员

　　林云陔　1931.6 任

　　林翼中　1931.6 任

　　胡继贤　1931.6 任

　　金曾澄　1931.6 任

　　许崇清　1931.6 任

---

　　① 1931 年 5 月至 12 月宁粤对立期间及 1932 年 1 月至 1936 年 7 月，南京国民政府无任免广东政府职官，先后分别由广东省国民政府及西南政务委员会任免。

范其务　1931.6 任　　　　　　　　1931.8 免

邓彦华　1931.6 任　　　　　　　　1931.7 辞

李禄超　1931.6 任

程天固　1931.6 任

简又文　1931.8 任

谢瀛洲　1931.8 任

冯祝万　1931.9 任

陈庆云　1931.10 任

唐绍仪　1932.1 任

区芳浦　1932.5 任

朱兆莘　1932.6 任

何启沣　1934

黄麟书　1934

民政厅厅长

林翼中　1931.6 任

财政厅厅长

林云陔　1931.6 任

冯祝万　1931.9.29 就职　　　　　1932.5 辞

区芳浦　1932.5 代理

教育厅厅长

金曾澄　1931.6 任

谢瀛洲　1932 任　　　　　　　　1934 免

黄麟书　1934 任

建设厅厅长

胡继贤　1931.6 任　　　　　　　　1932 免

程天固　1932 任

林云陔　1933 任　　　　　　　　1934 免

何启沣　1934 任

第七届（1936. 8. 10—1937. 3. 20）

主　席

　　黄慕松　1936. 7. 29 任（1937. 3 任内病死）

　　吴铁城　1937. 3. 24 任

委　员

　　黄慕松　1936. 7. 29 任（1937. 3 任内病死）

　　王应榆　1936. 7. 29 任　　　　　　1937. 5. 19 免

　　宋子良　1936. 7. 29 任　　　　　　1937. 5. 19 免

　　许崇清　1936. 7. 29 任　　　　　　1937. 5. 19 免

　　刘维炽　1936. 7. 29 任　　　　　　1937. 5. 19 免

　　李煦寰　1936. 7. 29 任　　　　　　1937. 5. 19 免

　　罗翼群　1936. 7. 29 任　　　　　　1937. 2. 13 免

　　肖吉珊　1936. 7. 29 任　　　　　　1937. 5. 19 免

　　刘纪文　1936. 7. 29 任　　　　　　1937. 2. 27 免

　　岑学吕　1937. 2. 27 任　　　　　　1937. 4. 2 免

　　邹敏初　1937. 3. 13 任　　　　　　1937. 5. 19 免

　　吴铁城　1937. 3. 24 任

　　欧阳驹　1937. 4. 2 任　　　　　　　1937. 5. 19 免

民政厅厅长

　　王应榆　1936. 7. 29 任　　　　　　1937. 5. 19 免

财政厅厅长

　　宋子良　1936. 7. 29 任　　　　　　1937. 5. 19 免

　　曾养甫　1937. 4 代理

教育厅厅长

　　许崇清　1936. 7. 29 任　　　　　　1937. 5. 19 免

建设厅厅长

刘维炽　1936.7.29 任　　　　　　1937.5.19 免

第八届（1937.4.15—1938.12）

主　席

吴铁城　1937.3.24 任

委　员

吴铁城　1937.3.24 任　　　　　1938.12.23 免

宋子良　1937.5.19 任　　　　　1938.12.23 免

曾养甫

许崇清　1937.5.19 任　　　　　1938.12.23 免

徐景唐　1937.5.19 任　　　　　1938.12.23 免

李煦寰　1937.5.19 任　　　　　1938.12.23 免

胡继贤　1937.5.19 任　　　　　1938.12.23 免

邹敏初　1937.5.19 任　　　　　1938.12.23 免

欧阳驹　1937.5.19 任　　　　　1938.12.23 免

陈耀祖　1937.6.25 任　　　　　1938.12.23 免

民政厅厅长

吴铁城　1937.5.19 任　　　　　1938.12.23 免

1937.6.1 就职

财政厅厅长

宋子良　1937.5.19 任　　　　　1938.12.23 免

曾养甫　（1937.4—1938.12.23 一直代理此职）

教育厅厅长

许崇清　1937.5.19 任　　　　　1938.12.23 免

建设厅厅长

徐景唐　1937.5.19 任　　　　　1938.12.23 免

1937.6.1 就职

第九届（1939.1—1945.8）

主　席

李汉魂　1938.12.23 任　　　　1945.8 免

委　员

李汉魂　1938.12.23 任　　　　1945.8 免

顾翊群　1938.12.23 任　　　　1940.8.23 免

许崇靖　1938.12.23 任　　　　1945.8 免

王应榆　1938.12.23 任　　　　1939.3.4 免

　　　　1943.11 继任　　　　　1944.7.26 免

胡铭藻　1938.12.23 任　　　　1945.8 免

曾养甫　1938.12.23 任　　　　1940.8.24 免

朱晖日　1938.12.23 任　　　　1940.4.12 免

何　彤　1938.12.23 任　　　　1945.8 免

林友松　1939.2.11 任　　　　1939.10.30 免

吴　飞　1939.3.4 任　　　　　1940.5.25 免

罗翼群　1939.10.30 任　　　　1942.1.31 免

刘佐人　1939.11.25 任　　　　1945.8 免

刘志陆　1939.12.8 任

黄麟书　1940.1.5 任　　　　　1945.8 免

黄元彬　1940.4.12 任　　　　1941.7.22 免

郑　丰　1940.6.7 任　　　　　1945.8 免

邹　琳　1940.8.23 任　　　　1941.5.6 免

高　信　1940.8.24 任　　　　1945.8 免

郑彦棻　1940.8.24 任　　　　1943.8 免

张导民　1941.5.6 任　　　　　1945.8 免

王志远　1941.7.22 任　　　　1945.8 免

吴遒宪　1941.10.4 任　　　　1943.11 免

方少云　1942.1.31 任　　　　1945.8 免

陈元瑛　1943.8 任　　　　　1945.8 免

周　游　1944.7.26 任　　　　1945.8 免

民政厅厅长

李汉魂　1938.12.23 任　　　1939.2.25 免

何　彤　1939.2.25 任　　　1945.8 免

财政厅厅长

顾翊群　1938.12.23 任　　　1940.8.23 免

邹　琳　1940.8.23 任　　　1941.5.6 免

张导民　1941.5.6 任　　　　1945.8 免

教育厅厅长

许崇清　1938.12.23 任　　　1940.1.5 免

黄麟书　1940.1.5 任　　　　1945.8 免

建设厅厅长

王应榆　1938.12.23 任　　　1939.2.25 免

李汉魂　1939.2.25 任　　　1939.5.29 免

朱晖日　1939.5.29 任　　　1940.4.12 免

黄元彬　1940.4.12 任　　　1941.7.22 免

郑　丰　1941.7.22 任　　　　1945.8 免

第十届（1945.9—1947.9）

主　席

罗卓英　1945.8 任　　　　　1947.9 免

委　员

罗卓英　1945.8 任　　　　　1947.9 免

李扬敬　1945.8 任　　　　　1947.8 免

杜梅和	1945.8 任	1947.11 免
姚宝猷	1945.8 任	1947.11 免
鲍国宝	1945.8 任	1946.4 免
罗为雄	1945.8 任	1946.4 免
肖次尹	1945.8 任	
蔡劲军	1945.8 任	
罗香林	1945.8 任	
黄文山	1945.8 任	
陈绍贤	1945.8 任	1946.4 免
黄范一	1945.8 任	
詹朝阳	1945.8 任	
谢文龙	1946.4 任	
丘 誉	1946.4 任	
周景臻	1946.4 任	
冯次淇	1947.8 任	

民政厅厅长

李扬敬	1945.8 任	1947.8 免
詹朝阳	1947.8 任	1947.11 免

财政厅厅长

杜梅和	1945.8 任	1947.11 免

教育厅厅长

姚宝猷	1945.8 任	1947.11 免

建设厅厅长

鲍国宝	1945.8 任	1946.4 免
谢文龙	1946.4 任	1947.11 免

第十一届（1947.10—1949.2）

主　席

　　宋子文　1947.9 任

委　员

　　宋子文　1947.9 任

　　徐景唐　1947.11 任　　　　　　1949.2 免

　　胡善恒　1947.11 任　　　　　　1949.2 免

　　姚宝猷　1947.11 任　　　　　　1949.2 免

　　谢文龙　1947.11 任　　　　　　1949.2 免

　　邹　琳　1947.11 任　　　　　　1949.2 免

　　肖次尹　1947.11 任　　　　　　1949.2 免

　　韩汉英　1947.11 任　　　　　　1949.2 免

　　詹朝阳　1947.11 任　　　　　　1949.2 免

　　黄文山　1947.11 任　　　　　　1949.2 免

　　黄范一　1947.11 任　　　　　　1949.2 免

　　周景臻　1947.11 任　　　　　　1948.1 免

　　黄　晃　1947.11 任　　　　　　1949.2 免

　　华振中　1948.1 任　　　　　　1949.2 免

民政厅厅长

　　徐景唐　1947.11 任　　　　　　1948.8 免

　　华振中　1948.8 任　　　　　　1949.2 免

财政厅厅长

　　胡善恒　1947.11 任　　　　　　1949.2 免

教育厅厅长

　　姚宝猷　1947.11 任　　　　　　1949.2 免

建设厅厅长

　　谢文龙　1947.11 任　　　　　　　1949.2 免

第十二届（1949.2—1949.10）

主　席

　　薛　岳　1949.2 任

委　员

　　薛　岳　1949.2 任

　　王光海　1949.2 任

　　区芳浦　1949.2 任　　　　　　　1949.8.17 免

　　张　建　1949.2 任

　　谢文龙　1949.2 任　　　　　　　1949.6.30 免

　　李扬敬　1949.2 任

　　香翰屏　1949.2 任

　　黄范一　1949.2 任

　　韩汉英　1949.2 任

　　吴逸志　1949.2 任

　　陆匡文　1949.2 任

　　肖次尹　1949.2 任

　　黄　晃　1949.2 任

　　余华沐　1949.7.1 任

　　毛松年　1949.8.17 任

民政厅厅长

　　王光海　1949.2 任

财政厅厅长

　　区芳浦　1949.2 任　　　　　　　1949.8.17 免

　　毛松年　1949.8.17 任

教育厅厅长

张　建　1949.2 任

建设厅厅长

谢文龙　1949.2 任　　　　　　　　1949.6.30 免

余华沐　1949.7.1 任

二、广东省县间行政组织职官名录^①
（1925—1949）

---

① 广东省政府于1925年11月后，陆续设立了五个行政区，每个行政区设置一行政委员，行政委员代表省政府处理各属辖县行政，于1926年11月裁撤。1936年，国民政府行政院公布《行政督察专员公署组织暂行条例》，广东省于是年9月，将全省（除广州市外）九十七县一市三局划分为九个行政督察区，分区设行政督察专员。各区管辖区域如下：

第一区驻南海，辖十五县：南海、番禺、东莞、顺德、中山、新会、台山、开平、恩平、宝安、赤溪、花县、从化、增城、三水。第二区驻曲江，辖十四县、局：曲江、南雄、乐昌、始兴、仁化、翁源、英德、乳源、连县、连山、阳山、佛冈、清远、安化管理局（1946年3月1日改为连南县）。第三区驻高要，辖十二县：高要、广宁、四会、开建、封川、郁南、新兴、罗定、德庆、云浮、鹤山、高明。第四区驻惠阳，辖八县：惠阳、博罗、海丰、陆丰、河源、紫金、新丰、龙门。第五区驻潮安，辖十一县、市、局：潮安、潮阳、揭阳、澄海、饶平、惠来、普宁、丰顺、南澳、汕头市、南山管理局。第六区驻兴宁，辖九县：梅县、兴宁、五华、平远、蕉岭、龙川、连平、和平、大埔。第七区驻茂名，辖九县局：茂名、电白、化县、吴川、信宜、廉江、阳江、阳春、梅菉管理局（1948年1月1日改为梅茂县）。第八区驻合浦，辖七县：合浦、钦县、防城、灵山、遂溪、海康、徐闻。第九区驻琼山，辖十六县：琼山、文昌、定安、儋县、澄迈、临高、乐会、琼东、崖县、陵水、万宁、感恩、昌江、乐东、保亭、白沙。

抗战时期，1939年7月，第一行政督察区公署改设在开平。其所属辖之东莞、宝安、增城三县暂时划归第四区管辖，从化、花县二县暂归第二区，三水县暂归第三区。1940年3月，第一区之南海县改隶第三区管辖。同时，第二区行政督察公署迁驻连县，第四区公署移驻河源，第五区公署移驻丰顺，第九区公署移驻保亭。至抗战胜利后，恢复原有区县建制。1949年4月，将海南岛全属划分特别行政区，设行政长官公署。同时将全省大陆划分为十五个行政督察区。

第一区专员驻番禺，辖六县：南海、番禺、顺德、增城、从化、花县。第二区专员驻惠州，辖五县：东莞、中山、惠阳、博罗、宝安。第三区专员驻英德，辖五县：清远、英德、佛冈、翁源、新丰。第四区专员驻曲江，辖六县：曲江、南雄、乐昌、始兴、仁化、乳源。第五区专员驻连县，辖四县：连县、连山、阳山、连南。第六区专员驻河源，辖六县：河源、龙门、紫金、连平、和平、龙川。第七区专员驻潮阳，辖五县一局：潮阳、海丰、陆丰、普宁、惠来、南山管理局。第八区专员驻潮安，辖六县一市：汕头市、潮安、揭阳、澄海、饶平、丰顺、南澳。第九区专员驻梅县，辖六县：兴宁、梅县、五华、蕉岭、平远、大埔。第十区专员驻台山，辖七县：新会、台山、阳江、开平、阳春、恩平、赤溪。第十一区专员驻高要，辖七县：高要、三水、广宁、四会、新兴、鹤山、高明。第十二区专员驻郁南，辅六县：云浮、罗定、郁南、德庆、封川、开建。第十三区专员驻茂名，辖六县：茂名、电白、信宜、化县、吴川、梅茂。第十四区专员驻湛江，辖四县一市：湛江市、廉江、海康、遂溪、徐闻。第十五区专员驻合浦，辖四县：合浦、钦县、防城、灵山。

东江各属行政委员

周恩来　1925.11.21 任　　1926.3.16 免

徐　桴　1926.3.16 任

戴　任　1926.9.15 任　　1926.11 免

南路各属行政委员

甘乃光　1925.11.21 任　　1926.3.16 免

沈　崧

广州各属行政委员

宋子文　1925.12.1 任　　1926.11.10 免

西江各属行政委员

古应芬　1925.12.1 任　　1926.11.10 免

琼崖各属行政委员

张难先　1926.2.3 任　　1926.11 免

第一区行政督察专员

曾　蹇　1936.10.3 任　　1937.1.25 免

范其务　（曾蹇未到任前代理专员职）

邓彦华　1937.1.25 任　　1939.2.8 免

古鼎华　1939.2.8 任　　1940.1.9 免

李郁焜　1940.1.9 任　　1941.9.22 免

李磊夫　1941.9.22 任　　1942.7.30 免

周　东　1942.7.30 任　　1944.1.20 免

黄秉勋　1944.1.20 任

赵　超　1946.7.1 到职

何　彤　1947.12.23 到职　　1949.4.12 免

欧阳磊　1949.4.12 任

第二区行政督察专员

林友松　1936.10.3 任　　1939.2.11 免

莫　雄　1939.2.11 任　　1940.1.9 免

何春帆　1940.1.9 任　　1940.7.9 免

马耐园　1940.7.9 任

沈秉强　1946.3.2 到职

韦镇福　1947.10 任　　　　　1948.2 免

莫　雄　1948.3.1 到职

韩建勋　　　　　　　　　　　1949.4.12 免

第三区行政督察专员

李磊夫　1936.10.3 任　　　　1941.9.22 免

王仁宇　1941.10.18 任　　　　1945.1.9 免

陈　文　1945.1.9 任　　　　 1948 免

莫福如　1948.12 任　　　　　1949.4.12 免

第四区行政督察专员

黄公柱　1936.10.3 任　　　　1937.9.2 免

丘　誉　1937.9.2 任　　　　 1939.2.8 免

池中宽　1939.2.8 任　　　　 1940.8.14 免

陈　骥　1940.8.14 任　　　　1942.4.30 免

罗献祥　1942.4.30 任　　　　1945.1.9 免

黄　铮　1945.1.9 任　　　　 1948 免

张光琼　1948.1.1 到职　　　 1948.12.6 免

廖鸣欧　1948.12.6 任　　　　1949.4.12 免

第五区行政督察专员

胡铭藻　1936.10.3 任　　　　1939.2.8 免

何春帆　1939.2.8 任　　　　 1939.12.16 免

刘志陆　1939.12.16 任

陈卓凡　1944.1.22 任　　　　1945.4.24 免

陈克华　1945.4.24 任

郑绍玄　1946.3.16 到职

喻英奇　1948.1.1 到职

莫希德　　　　　　　　　　　1949.4.12 免

第六区行政督察专员

傅　疆　1936.10.3 任　　　　1937.9.2 免

李郁焜　1937.9.2 任　　　　 1938.10.4 免

谭葆寿　1938.10.4 任　　　　1939.3.15 免

周景臻　1939.3.15 任　　　　1946 免

罗为雄　1946.7.1 到职

曾举直　1948.1.5 到职

李洁之　　　　　　　　　　　　1949.4.12 免

第七区行政督察专员

周景臻　1936.10.3 任　　　　　1939.3.7 免

张　炎　1939.3.7 任　　　　　1940.6.18 免

邓　挥　1940.6.18 任　　　　　1941.1.28 免

林时清　1941.1.28 任

刘其宽　1948.1.9 到职　　　　　1949.4.12 免

第八区行政督察专员

吴　飞　1936.10.3 任　　　　　1939.3.7 免

邓世增　1939.3.7 任　　　　　1942.5.26 免

张国元　1942.5.26 任　　　　　1945.1.9 免

张觉非　1945.1.9 任　　　　　1945.7.16 免

陈公侠　1945.7 任

林萌根　1946.1.22 任

董　煜　1947.10.21 到职　　　　1949.4.12 免

第九区行政督察专员

黄　强　1936.10.3 任　　　　　1937.9.2 免

张　达　1937.9.2 任　　　　　1939.2.8 免

吴道南　1939.2.8 任　　　　　1941.6.17 免

丘岳宋　1942.2.2 任

蔡劲军　1946.3.1 到职

韩汉英　1947.12.1 到职　　　　1949.3.31 免

第一区行政督察专员

欧阳磊　1949.4.12 任

第二区行政督察专员

廖鸣欧　1949.4.12 任

邓　挥　1949 任（1949.8 仍在任）

第三区行政督察专员

薛汉光　1949.4.12 任

140

第四区行政督察专员

　　韩建勋　1949.4.12 任

　　龚　楚　1949 任（1949.8 仍在任）

第五区行政督察专员

　　李楚瀛　1949.4.12 任

第六区行政督察专员

　　黄志鸿　1949.4.12 任

第七区行政督察专员

　　邓　挥　1949.4.12 任

　　陈丹青　1949 任（1949.8 仍在任）

第八区行政督察专员

　　莫希德　1949.4.12 任

　　洪之政　1949 任（1949.8 仍在任）

第九区行政督察专员

　　李洁之　1949.4.12 任

　　柯远芬　1949 任　　　　　　　　1949.10.4 免

　　谢海筹　1949.10.4 任

第十区行政督察专员

　　李　江　1949.4.12 任

第十一区行政督察专员

　　莫福如　1949.4.12 任　　　　　　1949.5.10 免

　　谢锡珍　1949.5.10 任

第十二区行政督察专员

　　谭启秀　1949.4.12 任

第十三区行政督察专员

　　刘其宽　1949.4.12 任　　　　　　1949.5.12 辞

　　吴　斌　1949.5.12 任

第十四区行政督察专员

　　董　煜　1949.4.12 任

第十五区行政督察专员

　　谭朗星　1949.4.12 任

三、广东省各县历任县长名录
（1925—1949）

南海县县长

李宝祥		1925. 10 免
张家瑞	1925. 10. 20 任	
	1925. 10. 26 到职	1927. 3. 18 免
汪宗准	1927. 3. 18 任	
	1927. 3. 24 到职	
马洪焕	1928. 2. 10 任	
	1928. 2. 13 到职	1929. 5. 31 免
余心一	1929. 5. 31 任	1931. 5. 9 免
李源和	1931. 5. 9 任	
	1931. 5. 13 到职	1932. 3. 22 免
李海云	1932. 3. 22 任	
	1932. 4. 1 到职	1936. 10. 12 免
范其务	1936. 10. 12 任	1937. 1. 12 免
邓彦华	1937. 1. 27 任	
	1937. 2. 1 到职	1937. 12. 26 免
黄 华	1937. 12. 26 任	
	1938. 1. 1 到职	
曾则生	1938. 12. 6 国府令准任	
余仲祺	1939. 2. 10 任	1939. 8. 21 免
高鼎荣	1939. 8. 21 任	1940. 5. 11 免
岑衍璟	1940. 5. 11 任	1940. 12. 20 免
李彦良	1940. 12. 20 任	
陈逸川	1942. 9. 10 任	

黄俊民　1943.5.28 任　　　　1945.12.25 免

王皓明　1945.12.26 任

　　　　1946.1.11 到职　　　1948.6 撤

邓邦谟　1948.6.3 任

　　　　1948.6.16 到职　　　1949.5.20 免

梁端寅　1949.5.20 任

番禺县县长

汪宗准　1925.1.13 到职　　　1927.3.18 免

庄光第　1927.3.18 任　　　　1927.5.23 免

杨子毅　1927.5.23 任　　　　1927.12.3 免

何焯贤　1927.12.3 任　　　　1928.3 辞

李民雨　1928.3.13 任　　　　1928.12.18 免

陈　樾　1928.12.18 任（未到任）

李民雨　（留任）　　　　　　1929.3.6 免

余心一　1929.3.6 任　　　　　1929.5.31 免

陈木越　1929.5.31 任　　　　1931.8.15 免

严博球　1931.8.15 任　　　　1934.4.14 免

梁翰昭　1934.4.14 任　　　　1935.5.7 免

林世恩　1935.5.7 任　　　　　1936.7 免

陈　薰　1936.7.17 任（未赴任）

林世恩　1936.7.24 留任

利树宗　1938.6.1 任　　　　　1939.10.19 免

黄兰友　1939.10.19 任　　　　1945.12.25 免

陈汝超　1945.12.26 任　　　　1947.9 撤

邓　挥　1947.9.13 任　　　　　1947.12 免

刘超常　1947.12.26 任　　　　1949.7.26 免

曾昭贻　1949.7.26 任

顺德县县长

邓　雄　1924.7 到职　　　　　1925.9.15 免

邓　刚　1925.9.15 任

陈粹维　1926.5 到职

赵植之　1926.9.1 到职　　　　1927.7.9 免

沈　崧　1927.7.9 任　　　　　1927.12.3 免

陈嘉蔼　1927.12.3 任

吴炽昌　1928.1 到职

萧冠英　1928.3.27 任　　　　1929.7.11 免

林鸿飞　1929.7.11 任　　　　1931.1.6 免

林式增　1931.1.6 任

陈同昶　1931.6.1 到职　　　　1936.2.25 免

李源和　1936.2.25 任　　　　1936.9.16 免

许廷杰　1936.9.16 任　　　　1938.1.30 免

苏理平　1938.1.30 任

刘超常　1939.4.23 任　　　　1940.5 离职

苏玉泉　1940.5 到职　　　　　1942.1.20 免

高鼎荣　1942.1.20 任

陈次恺　1943.1 到职　　　　　1945.12.25 免

麦　骞　1945.12.26 任　　　　1947.5.13 免

朱浩怀　1947.5.13 任　　　　1948.5 撤

陈　骥　1948.5.13 任　　　　1949.7.8 免

伍　蕃　1949.7.8 任（未到任）1949.8 撤委

罗福耀　1949.8.2 任

中山县县长

黄居素　1925.7.20 任　　　　1925.11.23 免

李　蟠　1925.11.23 任

许　翯　1926.2 到职

郑道实　1926.9.17 到职　　　　1927.3.18 免

杨子毅　1927.3.18 任　　　　1927.5.23 免

庄光第　1927.5.23 任　　　　1927.8.15 免

郑道实　1927.8.15 任

梁鸿洸　1928.2.20 任

李民雨　1928.12.18 任（未到任）

李禄超　1929.3.5 任　　　　　1930.3.24 离职

144

黄居素　1930. 2. 13 任

唐绍仪　1931. 2. 3 任

杨子毅　1935. 2. 5 任　　　　　　1936. 10. 25 免

张惠长　1937. 10. 16 任　　　　　1939. 12 离职

吴　飞　1939. 12 到职　　　　　　1940. 5. 29 免

林卓夫　1940. 5. 29 任　　　　　　1940. 12. 29 免

肖　豪　1940. 12. 29 任　　　　　1941. 9. 5 免

袁　带　1941. 9. 5 任　　　　　　1943. 12 离职

方岳昭　1943. 12. 11 到职

张惠长　1945. 5. 13 任　　　　　　1946. 11 免

孙　乾　1946. 11. 13 任　　　　　1949. 8. 5 撤

郑天健　1949. 8. 5 任

新会县县长

区灵侠　1925. 7. 9 任　　　　　　1926 免

严博球　1926 任　　　　　　　　1926 免

蒋宗汉　1926. 10. 26 到职　　　　1927. 7. 29 免

麦应昌　1927. 7. 29 任　　　　　1927. 11 免

张宗燧　1927. 11 任

黄维玉　1928. 2. 10 任　　　　　1930. 3. 22 免

霍　坚　1930. 3. 22 任　　　　　1930. 12. 10 撤

沈秉强　1930. 12. 10 任

黄开山　1931. 3 到职　　　　　　1931. 6. 13 免

吴凤生　1931. 6. 13 任　　　　　1932. 3. 22 免

黄槐庭　1932. 3. 22 任　　　　　1936. 9. 2 免

李务滋　1936. 9. 2 任　　　　　1939. 12 离职

林仲菜　1939. 12 到职　　　　　1940. 12. 25 免

李勉成　1940. 12. 25 到职　　　　1941. 6. 12 撤

阮君慈　1941. 6. 12 任　　　　　1943. 7. 1 免

马有为　1943. 7. 1 任

张宝荣　　　　　　　　　　　　1945. 12. 25 撤

汤灿华　1945. 12. 26 任　　　　1948. 5. 12 免

李务滋　1948.5.13 任　　　　　1948.11.6 免

张　寿　1948.11.6 任

台山县县长

刘栽甫　1925.7.9 任　　　　　1927.11.10 免

戴振魂　1927.11.10 任

李仲仁　1928.4.2 任　　　　　1929.6.18 免

钟喜焯　1929.6.18 任　　　　　1930.1.29 免

李海云　1930.1.29 任　　　　　1932.3.22 免

李源和　1932.3.22 任　　　　　1932.10.26 免

陈肇燊　1932.10.26 任　　　　　1935.9.28 免

章萃伦　1935.9.28 任　　　　　1936.9.2 免

覃元超　1936.9.2 任　　　　　1938.8 免

黄　华　1938.8 任　　　　　1939.1 免

黄启光　1939.1.25 任　　　　　1941.6.24 免

陈灿章　1941.6.24 任　　　　　1942.8 免

陈子和　1942.8.15 任　　　　　1943.9.4 免

郭公烈　1943.9.4 任

阮君慈　　　　　　　　　　1945.11.14 免

伍士荼　1945.11.14 任　　　　　1947.4 撤

黄伯轩　1947.4.18 任　　　　　1948.5 撤

李　英　1948.5.13 任　　　　　1949.4.26 免

李国伦　1949.4.26 任

东莞县县长

毛秉礼　1925.8.17 任　　　　　1926.11 免

陈鸿慈　1926.12.7 到职　　　　　1927.5.14 免

张拔超　1927.5.14 任　　　　　1928.6.20 免

沈　竞　1928.6.20 任　　　　　1929.1.29 免

岑学侣　1929.1.29 任　　　　　1929.2.8 免

陈惠宣　1929.2.8 任

宁克烈　1929.6.5 任

冯焯勋　1929.11.21 任

146

陈达材　1931.1.12 任　　　　1931.12.12 免

黎国材　1931.12.21 任　　　1932.11.21 离职

邓庆史　1932.11.14 任　　　1936.11.19 免

王　垚　1936.11.19 任　　　1937.6 免

黄启光　1937.6 任

王铎声　　　　　　　　　　1939.2 免

张我东　1939.2 任　　　　　1940.2.10 免

李鹤龄　1940.2.10 任　　　1942.5.9 免

张仲璇　1942.5.9 任

徐直公　1945.6.27 到职　　1946.4.27 免

张我东　1946.4.27 任　　　1947.12.26 免

罗　瑶　1947.12.26 任　　　1948.9.5 免

何峨芳　1948.9.5 任　　　　1949.3.9 免

王　超　1949.3.9 任

开平县县长

梁振楷　　　　　　　　　　1925.9.15 免

王体端　1925.9.15 任

陈仲伟　1925.12.15 任

沈载和　1926.1 到职

吴永生　1926.11.16 到职　　1927.8.4 免

陈仲伟　1927.3.4 任　　　　1927.7.11 免

黄子聪　1927.7.11 任　　　1927.11 免

郑苍生　1927.11 任

余同信　1928.2.20 任

吴鲁贤　1928.10.25 任　　　1929.6.21 免

沈秉强　1929.6.21 任　　　1930.12.10 免

梅翊强　1930.12.10 任

余棨谋　1931.5.23 到职　　1934.12.21 免

叶洁芸　1934.12.21 任　　　1937.12.31 免

欧阳濂　1937.12.31 任

萧　组　1939.1.23 任　　　　1939.3 撤

李锡朋　1939.3.28 任　　　1940.7.24 免

林光远　1940.7.24 任　　　1946.3.1 免

吴尚志　1946.3.1 任　　　1947.8.2 免

幸耀燊　1947.8.2 任　　　1948.10.2 免

马北拱　1948.10.2 任　　　1949.4.6 免

梁翰勋　1949.4.6 任

三水县县长

沈载和　　　　　　　　1926.1 离职

杨宗炯　1926 任　　　　1926 免

陈鸿慈　1926 任　　　　1926.11 免

范仲葵　1926.12.1 到职　　1927.6.13 免

欧阳万里1927.6.13 任　　　1927.11.10 免

李崇年　1927.11.10 任

石楚深　1928.2.9 任

劳士正　1928.10.25 任　　　1929.6.5 免

邓　昙　1929.6.5 任　　　1933.4.6 免

温翀远　1933.4.6 任　　　1933.4.10 免

詹菊似　1933.4.10 任　　　1933.5.3 免

孙甄陶　1933.5.3 任　　　1933.12.27 撤

廖鹤洲　1933.12.27 任

陈卓霖　1936.8.15 到职

田竺僧　1939.3.28 任　　　1939.8 撤

李　敏　1939.8.21 任

陈子和　1941.4 到职　　　1942.8.15 免

张超良　1942.8.15 任（辞不赴任）

陈让湖　1942.9.6 任　　　1946.3.1 免

王启后　1946.3.1 任　　　1946.11.13 免

邬奋鹏　1946.11.13 任　　　1948.11.13 免

李　荟　1948.11.13 任

增城县县长

梁树熊　　　　　　　　1925.8.12 免

148

谢维屏　1925.8.12 任　　　　　1925.9.15 免

熊　轼　1925.9.15 任

龙思鹤　1926 任

李海云　1926.8.24 到职　　　　1927.5.14 免

郑道实　1927.5.14 任　　　　　1927.8.15 免

欧阳磊　1927.8.15 任　　　　　1927.11.10 免

黄培和　1927.11.10 任

周天民　1928.2.10 任　　　　　1929.5.31 免

李源和　1929.5.31 任　　　　　1930.9.4 免

何　振　1930.9.4 任　　　　　1931.6.13 免

陈椿熙　1931.6.13 任　　　　　1932.4.2 免

方乃斌　1932.4.2 任　　　　　1933.8.17 免

叶洁芸　1933.8.17 任　　　　　1934.12.21 免

吴凤声　1934.12.21 任　　　　1936.10 免

黄炳坤　1936.11.1 到职　　　　1938.2.17 免

周　东　1938.2.17 任　　　　　1939.1 免

周天禄　1939.1.30 任

陈殿杰　1941.3 任　　　　　　1943.3 撤

李友庄　1943.3.26 任　　　　　1944.12 离职

邓琦昌　1944.12 到职　　　　　1946.4.18 免

刘起时　1948.4.18 任　　　　　1946.11.13 免

莫耀焜　1946.11.18 任　　　　1947.12.18 免

张　寿　1947.12.18 任　　　　1948.11.6 免

叶恭信　1948.11.6 任　　　　　1949.7.1 免

苏冠英　1949.7.1 任（辞不赴任）

彭济义　1949.7.26 任

恩平县县长

黄其藩　　　　　　　　　　　1925.9.15 免

谢维屏　1925.9.15 任　　　　　1925.11.23 免

胡荣光　1925.11.23 任

梁之梅　1926.9.1 到职　　　　1927.6.18 免

黄维玉	1927.6.18 任	1927.10.15 免
钟喜赓	1927.10.15 任	1927.12.3 免
陈 磊	1927.12.3 任	
黄子聪	1928.2.9 任	
黄世光	1928.12.5 任	1929.6.21 免
庄陶如	1929.6.21 任	1931.1.6 免
余 超	1931.1.6 任	1931.5 免
彭驭六	1931.5.23 到职	1932.3 离职
吴仕湘	1932.2.17 任	1933.1.7 免
梁庆翔	1933.1.7 任	1933.12.6 免
余丕承	1933.12.6 任	1936.12.21 免
李纪堂	1936.12.21 任	1938.12 免
祝秀侠	1938.12.24 任	1939.6.7 免
麦健生	1939.6.7 任	1939.12 免
李超雄	1939.12 任	1941.5 免
张国馨	1941.5 任	1943.9.4 免
卢忠亮	1943.9.4 任	1945.4 免
郑泽光	1945.4 到职	1946.1.18 免
古贯郊	1946.1.18 任	1946.4 免
邓文林	1946.4.18 任	1949.5.6 免
冯 岳	1949.5.6 任	

从化县县长

张国珍	1925.7.9 任	1926 免
陈耀平	1926 任	1926 免
曾昭声	1926.11.16 到职	
李灵根	1928.2.10 任	1929.6.25 免
李宝祥	1929.6.25 任	
黄汉焕	1929.12.19 任	
梁 毅	1931.6.19 任	1931.9 免
李灵根	1931.9.9 任	1932.8.17 免
李务滋	1932.8.17 任	1936.9.2 免

黄维玉　1936.9.2 任　　　　1938.1.30 免

邓　丰　1938.1.30　　　　　1938.2.13 免

赵　超　1938.2.13 任

李灵根　1938.12.18 任　　　1939.6 撤

林序东　1939.6 任　　　　　1939.10.18 免

蔡　熹　1939.10.18 任　　　1940.10 离职

欧阳磊　1940.10 到职

赵仲荣　　　　　　　　　　　1946.2.23 免

张冠洲　1946.2.23 任　　　1948.11.29 撤

谢伟松　1948.11.29 任

花县县长

卢季循

徐式度　1925.8.1 任

伍嘉诚　1925.10.30 任　　　1926 免

汪　钦　1926 任

李思辕　1926 任　　　　　　1926.11 免

张国珍　1926.11.3 到职　　　1927.11.10 免

江龙图　1927.11.10 任　　　1928.2.10 免

方德华　1928.2.10 任　　　　1928.12 免

梁鸾玱　1928.12.5 任　　　1929.4.26 免

曾友文　1929.4.26 任　　　1930.12.10 免

李誉德　1930.12.10 任　　　1931.10 离职

许　翯　1931.10.5 到职　　　1936.9.8 免

崔广秀　1936.9.8 任　　　　1940.11 离职

黄　基　1940.11 到职　　　　1941.2.10 撤

邓飞鹏　1941.2.10 任　　　　1942.3.13 免

江世荣　1942.3.13 任（任内亡）

骆应钊　1942.9.12 任

江广材　1945.2.20 到职　　　1946.3.5 免

沈　锐　1946.3.6 到职　　　1946.11.13 免

林志君　1946.11.13 任　　　1947.12 撤

杜湛津　1948.1.4 到职

宝安县县长

梁树熊	1925.8.12 任	1926 免
何启礼	1926 任	1926 免
陆国垣	1926.7.22 到职	1927.7.29 免
李树培	1927.7.29 任	1927.11 免
邓　杰	1927.11 任	
江龙图	1928.2.10 任	1928.7.9 免
郑启聪	1928.7.9 任	1929.3.9 免
谭达伦	1929.3.9 任	1929.7.31 免
胡　钰	1929.7.31 任	1931.1.6 免
沈　岩	1931.1.6 任	1931.6 离职
李晖南	1931.6.1 到职	1932.3 离职
张远峰	1932.2.17 任	1932.12 离职
香莹辉	1932.11.14 任	
马灿荣	1934.4.2 任	1935.10.12 免
伍季酬	1935.10.12 任	1936.10.29 免
阎模楷	1936.10.29 任	1937.9.15 免
黄仲榆	1937.9.15 任	1937.10.18 免
梁宝仁	1937.10.18 任	1939.5.22 免
莫　铖	1939.5.22 任	1939.9 撤
邓　雄	1939.9.29 任	1939.12 离职
幸耀燊	1939.12 到职	1942.3.18 免
李若泉	1942.3.18 任	
吴舜农	1943.7.1 到职	1945.5 免
林侠子	1945.5.28 任	1947.12.18 免
王启后	1947.12.18 任	
骆来添	1948.5.6 任	1948.12.20 免
陈树英	1948.12.20 任	1949.4.1 免
张志光	1949.4.1 任	

赤溪县县长

陈选尧		1926 免
王 栋	1926.6.20 到职	1927.5.14 免
刘汉文	1927.6.7 任	
饶冠人	1928.2.9 任	1929.6.21 免
江 鲁	1929.6.21 任	
陈翰华	1929.10.11 任	1930.3.3 免
陈卓民	1930.3.19 任	
江绮华	1931.6.7 到职	1932.5.12 免
黄炳坤	1932.5.12 任	1932.5.21 免
陈达民	1932.5.21 任	1933.5.13 免
李光文	1933.5.13 任	1935.4.17 免
周怀宾	1935.4.17 任	1936.11.5 免
王季子	1936.11.5 任	1938.1.30 免
姚毓琛	1938.1.30 任	1939.8.3 免
刘广沛	1939.8.3 任	1940.10.11 免
余仲麒	1940.10.11 任	1941.6.29 免
周汉铃	1941.6.29 任	1942.5.8 免
刘定原	1942.5.8 任	1943.5.4 免
麦 匡	1943.5.4 任	1944.6 免
骆企青	1944.6 任	1945.11.2 免
谢群彬	1945.11.2 任	1946.5 免
何银生	1946.5.18 任	1947.9 免
罗镇欧	1947.9.19 任	1948.5.6 免
曾文樾	1948.5.6 任	1949.3 免
李法尧	1949.3.9 任	

曲江县县长

姜济环	1925.8.17 任	1925.9 免
彭 耕	1925.9.14 任	1926.6 免
钟忠江	（钟忠） 1926.6 到职	1927.5 离职
陈秉铎	1927.5.20 任	1927.11.10 免

黄嵩南　1927. 11. 10 任

姜玉笙　1928. 2. 10 任　　　　　　1928. 6 免

符和琚　1928. 6 任　　　　　　　　1928. 12. 15 免

石楚琛　1928. 12. 15 任

吕藻芬　1929. 4. 16 任

梁镜尧　1929. 11. 9 任　　　　　　1929. 12. 4 免

曾　枢　1929. 12. 4 任　　　　　　1930. 2. 12 免

邓柱燊　1930. 2. 12 任　　　　　　1931. 5. 9 免

彭世枋　1931. 5. 9 任　　　　　　　1932. 4. 2 免

陈春熙　1932. 4. 2 任　　　　　　　1932. 8. 24 免

钟廷枢　1932. 8. 24 任　　　　　　1934. 9. 8 免

林拔萃　1934. 9. 8 任　　　　　　　1936. 5 免

李仲仁　1936. 5. 23 任　　　　　　1936. 10. 12 免

林友松　1936. 10. 12 任　　　　　1937. 12. 26 免

叶震东　1937. 12. 26 任

邹志奋　1938. 11 到职　　　　　　1939. 3. 2 免

薛汉光　1939. 3. 2 任　　　　　　　1941. 4. 8 免

李　英　1941. 4. 8 任　　　　　　　1942. 8. 20 免

陈任之　1942. 8. 20 任

黄干英　1944. 9 任　　　　　　　　1946. 5. 18 免

温克威　1946. 5. 18 任　　　　　　1947. 9. 20 免

杨寿松　1947. 9. 20 任　　　　　　1948. 9. 22 免

殷卓伦　1948. 9. 22 任　　　　　　1949. 8. 5 免

龚　楚　1949. 8. 5 任

乐昌县县长

梁光灿　　　　　　　　　　　　　　1925. 9. 29 免

陈鸿慈　1925. 9. 29 任　　　　　　1926. 12. 5 免

曾昭声　1925. 12. 5 任　　　　　　1926 免

刘应福　1926. 8. 6 到职　　　　　　1927. 8. 13 免

方　彪　1927. 8. 13 任

唐济刚　1928. 2. 10 任　　　　　　1928. 5. 31 免

刘应福　1928.5.31 任　　　1929.6.21 免

刘运锋　1929.6.21 任　　　1931.6.13 免

许　矞　1931.6.13 任　　　1931.9 免

曾迺桢　1931.9.16 到职　　1932.11 免

戴振魂　1932.11.14 任　　　1933.9.13 免

林乔年　1933.9.13 任　　　1934.4.2 免

陈炜章　1934.4.2 任　　　1936.11.5 免

方　彪　1936.11.5 任　　　1937.8.20 免

黄逸民　1937.8.20 任　　　1938.1.30 免

杨德隆　1938.1.30 任　　　1939.5.22 免

李国伦　1939.5.22 任　　　1940.7.13 免

梁汉耀　1940.7.13 任　　　1943.5.18 免

薛仰宗　1943.5.18 任

詹宝光　1945.1 到职　　　1945.8 离职

詹尊雯　1945.8.1 到职　　1946.5.18 免

殷卓伦　1946.5.18 任　　　1948.9 免

杨家凡　1948.9.22 任　　　1949.2.25 免

薛纯武　1949.2.25 任

乳源县县长

朱观贵

喻勋乾　1925.10.13 任

朱纶焕　　　　　　　　　1926.12.27 免

曾　琳　1926.12.27 任　　1927.3.4 免

陈楚梁　1927.3.4 任　　　1927.6.2 免

陆精治　1927.6.2 任　　　1927.11.10 免

刘　寅　1927.11.10 任

萧乃昌　1928.2.9 任　　　1929.3.9 免

梁修礼　1929.3.9 任　　　1931.9 免

黄鹤森　1931.9.14 到职　　1932.2 免

郝耀铭　1932.2.24 任　　　1932.11 免

胡铭藻　1932.11 任（辞不赴任）

曾粤珍　1932.12.3 任

谢崧举　1933.9.13 任　　　　　　　1935.3.13 免

区荣星　1935.3.13 任　　　　　　　1935.11.13 免

岑涤群　1935.11.13 任　　　　　　1936.10.29 免

许济化　1936.10.29 任　　　　　　1939.2.4 免

陈荣魁　1939.2.4 任　　　　　　　1941.1 离职

刘德闻　1941.1 到职　　　　　　　1943.9.8 免

李缵铮　1943.9.8 任

詹树旌　1945.5 到职　　　　　　　1945.12.25 免

潘绪忠　1945.12.26 任　　　　　　1946.11.13 免

李嗣芬　1946.11.13 任　　　　　　1947.9 免

罗　云　1947.9.20 任　　　　　　　1948.8 免

卢崇善　1948.8.30 任　　　　　　　1949.2.25 免

陈进取　1949.2.25 任　　　　　　　1949.8.2 免

廖仲民　1949.8.2 任

连南县（1936.4—1946.3.1 称安化管理局）县长

陈茂功　1936.4.29 任　　　　　　　1937.8.20 免

梁靖寰　1937.8.20 任　　　　　　　1939.11.7 免

廖炯然　1939.11 任　　　　　　　　1942.8.27 免

成宝驹　1942.8.27 任　　　　　　　1946.2.23 免

林志君　1946.2.23 任　　　　　　　1946.11.13 免

陈精仪　1946.11.13 任　　　　　　1949.4.22 免

陈国良　1949.4.22 任

清远县县长

陆　焕　1925.7.22 任　　　　　　　1926.12.31 免

胡少翰　1926.12.31 任　　　　　　1927.5 免

陈守仁　1927.5.21 任　　　　　　　1928.6.20 免

杜荫芬　1928.6.20 任　　　　　　　1928.7.9 免

江龙图　1928.7.9 任　　　　　　　　1929.7.11 免

霍　坚　1929.7.11 任　　　　　　　1930.3.22 免

蹇秉渊　1930.3.22 任　　　　　　　1931.5 免

余　超　1931.5.18 任　　　　　1931.11.4 免

黄槐庭　1931.11.4 任　　　　　1932.3.22 免

吴凤声　1932.3.22 任　　　　　1934.12.21 免

余棠谋　1934.12.21 任　　　　1938.9.17 免

欧阳磊　1938.9.17 任　　　　　1940.4.22 免

谢静生　1940.4.22 任　　　　　1942.8.26 免

黄开山　1942.8.26 任　　　　　1943.6.4 免

张云亮　1943.6.4 任　　　　　1945.12.25 免

李慧周　1945.12.26 任　　　　1947.9 免

温克威　1947.9 任（辞不赴任）

廖　骐　1947.11.22 任　　　　1949.2.25 免

陈德用　1949.2.25 任

南雄县县长

邓维贤　1925.8.12 任　　　　　1926 免

张左丞　1926 任（久不赴任）　1926 年底撤职

唐支厦　1926.12.27 任

陈侠夫　1927.6.18 任　　　　　1927.11.10 免

官师亮　1927.11.10 任

伍慎修　1928.2.10 任（辞不赴任）

刘汝霖　1928.3.28 任　　　　　1929.1.11 免

方　新　1929.1.11 任　　　　　1929.6.14 免

王名烈　1929.6.14 任　　　　　1930.2.12 免

梅翊强　1930.2.12 任　　　　　1930.7.2 免

吴文潼　1930.7.2 任　　　　　1931.1.12 免

何逎英　1931.1.12 任　　　　　1931.9.9 免

梁　毅　1931.9.9 任　　　　　1932.5 免

赵主一　1932.5.14 任　　　　　1932.7 免

姚之荣　1932.7.2 任　　　　　1936.10.3 免

杨德隆　1936.10.3 任　　　　　1937.10.5 免

曾绳点　1937.10.5 任　　　　　1938.4 离职

张企留　1938.4.23 到职　　　　1938.8 免

莫　雄	1938.8.25 任	1939.2 免
谭　适	1939.2.16 任	1939.6.7 免
韩　源	1939.6.7 任	1940.5 离职
赵沛鸿	1940.5 到职	1945.2 离职
云振中	1945.2.1 到职	1946.5 免
肖宜芬	1946.5.28 任	1947.9.20 免
韩建勋	1947.9.20 任	1948.7.7 免
胡锡朋	1948.7.7 任	1949.4.29 免
华文治	1949.5.6 任	

英德县县长

王子明		1926.10 免
孙敩棪	1926.10.27 到职	1927.6.18 免
何冀州	1927.6.18 任	1927.11.10 免
沈祥龙	1927.11.10 任	
袁柳溪	1928.2.10 任	1928.6 免
陈惠宣	1928.6 任	1929.2.8 免
秦埙芬	1929.2.8 任	
姚世俨	1929.10.15 任	1930.4.8 免
沈耀祖	1930.4.8 任	1931.5 免
官其兰	1931.5.9 任	1932.10.26 免
何遒英	1932.10.26 任	1935.6.22 免
覃元超	1935.6.22 任	1936.9.2 免
李辉南	1936.9.2 任	1939.12.30 亡
冯耀莹		1940.1 免
左新中	1940.1.11 任	
黄干英	1942.3.31 任	1944.9 离职
欧　兼	1944.9.1 到职	1946.5.18 免
麦健生	1946.5.18 任	1946.11.13 免
邓克一	1946.11.13 任	1947.7.19 免
郑干菜	1947.7.19 任	1947.12.5 免
莫　雄	1947.12.5 任	1948.5 免

杨璞如　1948.5.13 任　　　　　　1948.9.22 免

周文浩　1948.9.22 任

佛冈县县长

李绮庵　1925.10.1 任

邓超禹　　　　　　　　　　　　　1926.12 免

杜天庸　1926.12.22 到职　　　　1927.5.14 免

曾　朴　1927.5.14 任　　　　　　1927.11 免

李寿祺　1927.11 任　　　　　　　1928.4 免

区汝铠　1928.4.9 任　　　　　　1929.6 免

陈聘寰　1929.6.21 任（任内病故）

陈达民　1930.7.12 任　　　　　　1931.5 免

伍小石　1931.6 到职　　　　　　1932.1.16 免

李本清　1932.1.16 任　　　　　　1932.7.30 免

钟　岐　1932.7.30 任　　　　　　1933.4.6 免

马灿荣　1933.4.6 任

云昌瀛　1934.4.2 任　　　　　　1986.11.19 免

张铨忠　1936.11.19 任　　　　　1937.8.20 免

周正之　1937.8.20 任　　　　　　1939.5 免

黄祥光　1939.5.13 任　　　　　　1941.5 免

凌　准　1941.5.12 任　　　　　　1941.10.17 免

李则谋　1941.10.17 任（未赴任）

钟道存　1941.11.18 任　　　　　1943.9.11 免

梁庭光　1943.9.11 任

关　巩　　　　　　　　　　　　　1945.11.2 免

梁宗一　1945.11.2 任　　　　　　1946.11.13 免

谢静山　1946.11.13 任　　　　　1949.5.20 免

黄祥光　1949.5.20 任

翁源县县长

王昌楠

黄　策　1926.9.1 到职　　　　　1927.3.4 免

谢君尧　1927.3.4 任

梁修礼　1928.2.14 任　　　　1929.3.9 免

陈景博　1929.3.9 任　　　　 1930.3.13 免

莫杏巢　1930.3.13 任　　　　1931.6 免

李诗唐　1931.6.19 任　　　　1933.5.13 免

陈定策　1933.5.13 任　　　　1935.2.2 免

何银生　1935.2.2 任　　　　 1936.10 免

张港群　1935.10.12 任　　　 1937.8 免

曾国光　1937.8.24 任　　　　1939.5 免

陈　庸　1939.5.6 到职

秦元邦　　　　　　　　　　 1940.7.3 免

冼家锐　1940.7.3 任　　　　 1940.9.15 免

刘起时　1940.9.15 任

曾匪石　1944.12.20 任　　　 1946.6.5 免

罗　球　1946.6.5 任　　　　 1947.4 免

邓世棠　1947.4.18 任　　　　1947.12.18 免

官家骥　1947.12.18 任　　　 1949.9.30 免

陈乐夫　1949.9.30 任

始兴县县长

谭炳（柄）鉴　1925.8.17 任

陈绳威　　　　　　　　　　 1926.12.27 免

朱纶焕　1926.12.27 任　　　 1927.6.18 免

陈君玉　1927.6.18 任　　　　1927.12 免

白深枟　1927.12 任

黄森（燊）　1928.2.14 任　　1928.7.20 免

庄陶如　1928.7.20 任

骆鸣銮　1929.3.28 任

方　新　1929.6.14 任

周啸岩　　　　　　　　　　 1930.4.16 免

林猷钊　1930.4.16 任　　　　1931.6 免

林公顿　1931.6.29 到职　　　1932.10.26 免

官其兰　1932.10.26 任　　　 1934.9.8 免

江锦兴　1934.9.8 任　　　1938.10.15 免

潭　适　1936.10.15 任　　　1939.2.16 免

吴种石　1939.2.16 任　　　1939.11.14 免

何康民　1939.11.14 任　　　1940.12.25 免

刘尚沛　1940.12.25 任　　　1943.3.6 免

江锦兴　1943.3.6 任

官家骥　1945.7.17 任　　　1946.9 离职

林为栋　1946.9 到职　　　1947.2 免

饶纪绵　1947.2.15 任　　　1949.9 撤

周德闻　1949.9.28 任

仁化县县长

王永汉　1925.8.17 任

刘汲之　1926.9.12 到职　　　1927.3.4 免

刘笃培　1927.3.4 任　　　1927.6.13 撤

黄济明　1927.6.13 任

邹重魁　1928.2.9 任

蔡乐天　1928.9.12 任

文尚绸　1928.11.13 任

蒙德础　1928.12.27 任　　　1929.5 免

何炯璋　1929.5.9 任　　　1931.5.22 免

谭贞林　1931.6.25 到职　　　1932.6 免

戴旭升　1932.6.15 任　　　1936.5.9 免

谭仁训　1936.5.9 任

马剑存　1938.11.29 任

麦启霖　1939.12 到职　　　1940.6.21 撤

杜世珍　1940.6.21 任

胡于定　1945.1.11 到职　　　1946.6.5 免

林锡熊　1946.6.5 任　　　1949.3.25 免

龚　楚　1949.3.25 任　　　1949.8.5 免

林　显　1949.8.5 任

连县县长

莫辉勋　1925 任

何焕南　1925. 10. 30 任　　　　1927. 2. 17 免

成宪孟　1927. 2. 17 任　　　　1927. 11. 10 免

何冀州　1927. 11. 10 任

　　　　1928. 2. 14 任

朱兆奎　1928. 8. 29 任　　　　1929. 5. 31 免

叶日嵩　1929. 5. 31 任　　　　1931. 6. 13 免

黄开山　1931. 6. 13 任　　　　1933. 9. 13 免

曾粤珍　1933. 9. 13 任

邱新民　1936. 10 任（辞不赴任）

肖　越　1937. 1. 6 任　　　　1938. 2. 13 免

何春帆　1938. 2. 13 任　　　　1939. 1 免

王仁宇　1939. 1. 31 任　　　　1941. 10 免

李仲仁　1941. 10. 4 任

韩建勋　1945. 6. 16 任　　　　1947. 11 离职

黄麟玉　1947. 11. 16 到职　　　1948. 9 免

詹宝光　1948. 9. 7 任　　　　1949. 6. 3 免

李楚瀛　1949. 6. 3 任

连山县县长

孙　瑛　1924. 5. 20 任　　　　1928 免

凌锡华　1928. 8. 29 任

何冀洲　1929. 2. 8 任（任内病故）

何春帆　1931. 3. 26 任

吴志强　1931. 8. 1 到职　　　　1931. 12 免

邓维华　1931. 12. 11 任　　　　1932. 5 免

张我东　1932. 5. 12 任

陈致煦　1932. 6. 1 任　　　　1933. 8 撤

俞守范　1933. 8. 12 任　　　　1934. 12. 1 免

刘德恒　1934. 12. 1 任

朱景辉　　　　　　　　　　　1936. 10. 15 免

162

陈湘南　1936. 10. 15 任

张昭芬　　　　　　　　　　　　1939. 5 免

林春荣　1939. 5. 7 任　　　　1940. 5. 18 免

梁运涛　1940. 5. 18 任　　　1940. 11. 28 免

甘殊希　1940. 11. 28 任　　1942. 2. 19 免

张益民　1942. 2. 19 任　　　1944. 12 离职

廖　骐　1944. 11. 19 任　　1947. 9 免

彭鸿元　1947. 9. 20 任　　　1947. 12 免

詹宝光　1947. 12. 18 任　　1948. 9. 7 免

廖　基　1948. 9. 7 任　　　1949. 4. 22 免

卢泽广　1949. 4. 22 任

阳山县县长

张秀夫　1925. 4 任

邓兆贤　1926. 7. 17 任　　　1928. 6. 20 免

张育东　1928. 6. 20 任

张叔廉　1929. 1. 2 任

凌锡华　1929. 2. 8 任（辞不赴任）

莫杏巢　1929. 3. 9 任　　　1930. 3. 13 免

陈景博　1930. 3. 13 任　　　1930. 5. 14 免

胡检修　1930. 5. 14 任　　　1931. 2. 7 免

康祝年　1931. 2. 7 任

潘敬佑　1931. 6. 13 任　　　1932. 10. 26 免

罗次黎　1932. 10. 26 任　　1933. 9. 13 免

梁若谷　1933. 9. 13 任　　　1935. 8. 10 免

崔亚基　1935. 8. 10 任

欧汝钧　　　　　　　　　　　　1936. 10. 3 免

黄　瓒　1936. 10. 3 任

陈藻卿　1937. 12. 12 任

许济化　1939. 2. 14 任　　　1940. 6. 21 免

关玉廷　1940. 6. 21 任

　　　　1942. 4. 24 任　　　1943. 6. 22 免

163

麦健生　1943. 6. 22 任　　　　1946. 5. 18 免

钟正君　1946. 5. 18 任　　　　1948. 5 免

黄　渊　1948. 5. 13 任　　　　1948. 10. 25 免

李谨彪　1948. 10. 25 任

高要县县长

李　炯　1925. 7. 15 任　　　　1926. 11 离职

李思辕　1926. 11. 16 到职　　1927. 5. 14 免

叶毅夫　1927. 5. 14 任　　　　1927. 9. 24 免

沈　竞　1927. 9. 24 任　　　　1927. 12 离职

李　炯　　　　　　　　　　　　1928. 6. 20 免

覃元超　1928. 6. 20 任　　　　1930. 3. 15 免

张　纶　1930. 3. 15 任　　　　1930. 7. 12 免

陈同昶　1930. 7. 12 任　　　　1931. 5 离职

沈　竞　1931. 5. 26 任　　　　1932. 9. 1 离职

陆桂芳　1932. 7. 22 任　　　　1933. 6. 29 免

马炳乾　1933. 6. 29 任　　　　1936. 10. 12 免

李磊夫　1936. 10. 12 任　　　1937. 12. 26 免

王铎声　1937. 12. 26 任　　　1938. 9 离职

覃元超　1938. 9 到职　　　　　1939. 4 免

陈斗宿　1939. 4. 18 任　　　　1940. 6. 12 免

林世恩　1940. 6. 12 任　　　　1941. 10. 6 免

伍琚华　1941. 10. 6 任　　　　1943. 9 离职

张虞韶　1943. 9 到职　　　　　1944. 8 离职

覃元超　1944. 8 到职　　　　　1946. 2. 8 免

邓澄涛　1946. 2. 8 任　　　　　1947. 7. 16 免

周乃芬　1947. 7. 16 任　　　　1948. 11. 2 免

朱建雄　1948. 11. 2 任

云浮县县长

黄席儒　1925. 7 到职

刘学修　1928. 8. 12 任　　　　1929. 1. 21 免

彭世枋　1929. 1. 21 任　　　　1931. 2. 7 免

孙甄陶	1931. 2. 7 任	1931. 6 离职
曾松年	1931. 6. 1 到职	1932. 9. 19 免
吕树芳	1932. 9. 19 任	1934. 9. 8 免
陈庆涛	1934. 9. 8 任	
莫 铠	1936. 8 到职	1937. 10. 18 免
潘歌雅	1937. 10. 18 任	1938. 5. 12 免
麦启霖	1938. 5. 12 任	1938. 9 免
郑 衡	1938. 9 任	1939. 5. 7 免
刘尚沛	1939. 5. 7 任	1939. 11. 25 免
陈子和	1939. 11. 25 任	1941. 3 离职
沈 铣	1941. 3 到职	1942. 4. 17 免
罗宗鎏	1942. 4. 17 任	1945. 5 免
梁沧帆	1945. 5 任	1946. 11. 13 免
吴熙文	1946. 11. 13 任	1947. 11 撤
阮君慈	1947. 11. 22 任	1949. 4. 1 免
李少白	1949. 4. 1 任	

罗定县县长

陈汝季		1925. 7 离职
陈维周	1925. 7 到职	
林应礼	1925. 12. 15 任	
陆耀文	1926. 5 到职	1926. 12. 31 免
苏世杰	1926. 12. 31 任	1927. 9. 16 免
陈明栋	1927. 9. 16 任	1927. 12. 3 免
	1928. 3. 13 令卸职	
杨子毅	1927. 12. 3 任（似未到职）	
黎庶望	1928. 3. 13 任	1928. 9. 29 免
陈兆畴	1928. 9. 29 任	
黄槐庭	1929. 2. 21 任	1929. 12. 4 免
周 颐	1929. 12. 4 任	1931. 1. 6 免
林鸿飞	1931. 1. 6 任	1932. 10. 26 免
林振德	1932. 10. 26 任	1933. 12. 27 免

曾　越	1933. 12. 27 任	1939. 6. 10 免
林淼曾	1939. 6. 10 任	1940. 9. 29 免
张嘉斌	1940. 9. 29 任	1942. 1. 26 免
王公宪	1942. 1. 26 任	1943. 6. 22 免
关玉廷	1943. 6. 22 任	1944. 9 离职
朱　江	1944. 9 到职	
梁　麟	1945. 6 到职	1945. 12. 25 免
陈　权	1945. 12. 26 任	1948. 3 撤
缪叔民	1948. 3. 17 任	1949. 3. 25 免
谭启秀	1949. 3. 25 任	

广宁县县长

李绮庵	1925. 7. 21 任	1925. 9. 12 免
陆英光	1925. 9. 12 任	
林时铎	1926 任	1927. 1. 8 免
宁一白	1927. 1. 8 任	1928. 9. 29 免
陈同昶	1928. 9. 29 任	1930. 7. 12 免
林启濂	1930. 7. 12 任	1932. 6. 1 免
王仁宇	1932. 6. 1 任	1936. 3. 10 免
曾友文	1936. 3. 10 任	
陈汝季	1937. 12. 12 任	
陈湘南	1938 任	1939 免
陈次恺	1939. 4. 16 到职	1940. 5 离职
韩　源	1940. 6. 12 到职	1943. 7. 18 免
区鼎燊	1943. 7. 18 任	
左新中	1944. 9. 1 到职	1945. 12. 8 免
魏汝谋	1945. 12. 8 任	1947. 5 撤
廖伟青	1947. 5. 13 任	1947. 12. 18 免
冯肇光	1947. 12. 18 任	1948. 8 免
古绍辙	1948. 8. 9 任	1949. 8 撤
陈嗣运	1949. 8. 30 任	

四会县县长

邓　刚	1925.9 任	1925.9 免
张家瑞	1925.9.18 任	
陆涉川	1925.9.29 任（末赴任）	
李民欣	1925.11.19 任	1926.12.31 免
罗　邦	1926.12.31 任	1927.5.21 撤
土肇文	1927.5.21 任	1929.6 离职
陈荣龙	1929.5.31 任	
刘承武	1929.10.23 任	1931.2 免
梁祖诰	1931.2.14 任	1931.3.2 免
李干军	1931.3.2 任	1931.5 免
周　东	1931.6 到职	1932.4.2 免
李纪堂	1932.4.2 任	1933.2.18 免
何克夫	1933.2.18 任	1934.4.14 免
余觉芸	1934.4.14 任	1936.10.15 免
李仲仁	1936.10.15 任	1939 免
周　东	1939.4.1 到职	1942.7.25 免
邓澄涛	1942.7.25 任	1946.2 免
朱琼书	1946.2.13 任	1946.11.13 免
林弘毅	1946.11.13 任	1947.10.1 到职
何凯诒	1947.9.20 任	1948.9 撤
陈武奎	1948.9.22 任	1949.3.25 免
罗献祥	1949.3.25 任	

新兴县县长

谭芷宾	1925.9.26 任	1925.11 免
王　和	1925.11.19 任	1926.3 离职
郭式仪	1926.3.8 到职	1927.2.7 免
周定中	1927.2.7 任	1927.7.11 免
曾伯谔	1927.7.11 任	
吴炽昌	1928.3.28 任	1929.2.16 免
李柏存	1929.2.16 任	1930.2.8 免

龙　炎　1930.2.8 任　　　　　1931.5 离职

梁翰昭　1931.5.21 到职　　　1934.4.14 免

何克夫　1934.4.14 任　　　　1937.6 免

吴景超　1937.7 任　　　　　 1939.4 免

陈公佩　1939.5.10 任　　　　1939.9.29 免

黄植民（文）1939.9.29 任　　1945.3 免

邓士采　1945.4 到职　　　　 1945.12.25 免

刘尚一　1945.12.26 任　　　 1948.5 免

麦健生　1948.5.6 任　　　　 1948.10.2 免

陈国垣　1948.10.2 任

郁南县县长

陈椿熙　1925.7.22 任

莫瑞英　　　　　　　　　　 1927.1.14 免

伍横贯　1927.1.14 任　　　　1927.9.16 免

方　新　1927.9.16 任

邓佳平　　　　　　　　　　 1928.5 撤

赵文饶　1928.5.29 任　　　　1929.8.20 免

何天瑞　1929.8.20 任　　　　1931.5 离职

黄鼎可　1931.5.23 到职

任绍明　1932.2.17 任　　　　1933.3.22 免

冼维祺　1933.3.22 任　　　　1936.5.9 免

宁师彭　1936.5.9 任

赵　濂　　　　　　　　　　 1936.10.3 免

陈弼尧　1936.10.3 任　　　　1938.2.13 免

黄文鹄　1938.2.13 任

邹志奋　1939.2.28 任　　　　1941.6.15 免

张冠英　1941.6.15 任　　　　1943.7.1 免

阮君慈　1943.7.1 任　　　　 1944.9 离职

关玉廷　1944.9 到职　　　　 1944.12 离职

张中鼎　1944.12.16 到职　　 1946.3 免

陈让湖　1946.3.1 任　　　　 1947.9.19 免

孔繁枝	1947.9.19 任	1948.5 撤
黎尚武	1948.5.13 任	1949.9 免
曾秩平	1949.9 任	

德庆县县长

严博球	1925.7.21 任	
黄秉勋	1926.4.29 任	1927.9.28 免
梁夔	1927.9.28 任	1929.1.9 免
谢鹤年	1929.1.29 任	1931.12.12 免
吴志强	1931.12.12 任	1932.5.12 免
江绮华	1932.5.12 任	1932.11.14 免
梁擎柱	1932.11.14 任	1933.3.22 免
余启光	1933.3.22 任	1933.6 免
邓衍芬	1933.6.29 任	1935.9.28 免
伍季酬	1935.9.28 任	1935.10.12 免
马灿荣	1935.10.12 任	
梁毅		1936.10 免
钟岐	1936.10 任	1938.1.9 免
梁汉耀	1938.1.9 任	1939.1 离职
张百川	1939.1.18 任	1940.1 离职
张绍琨	1940.1 到职	1942.3 离职
甘殊希	1942.2.19 任	1944.4 离职
周天任	1944.4 到职	1944.12 离职
覃维正	1944.12 到职	1945.12.25 免
范球	1945.12.26 任	1948.3 免
陈焕华	1948.3.17 任	1948.11.29 免
华文治	1948.11.29 任	1949.5.6 免
严博球	1949.5.6 任	

封川县县长

陈佐衡		1925.12.31 免
杨宗炯	1925.12.31 任	1926 免
苏敬	1926 任	1926 免

陆志云　1926.9.1 任　　　　　1927.2.23 免
陈侠夫　1927.2.23 任（久不赴任）
陈绍人　1927.6.7 任
江家修　1928.2.10 任　　　　　1928.6.16 免
何名汉　1928.6.16 任
叶宣甫　1931.6.1 到职　　　　　1932.10.26 免
谭民三　1932.10.26 任
张祖训　1933.8.16 任　　　　　1934.9.8 免
宁师彭　1934.9.8 任　　　　　1936.5.9 免
冼维祺　1936.5.9 任
曾粤珍　　　　　　　　　　　　1939.5 免
冼家锐　1939.5.7 任　　　　　1940.7.3 免
郑有泰　1940.7.3 任　　　　　1945.5 免
麦　匡　1945.5.5 任　　　　　1946.11 撤
潘绪忠　1946.11.13 任　　　　　1947.9 免
李嗣芬　1947.9.20 任　　　　　1949.7.1 免
叶颖基　1949.7.1 任

鹤山县县长

陆涉川　　　　　　　　　　　　1925.9.29 免
陆钜恩　1925.9.29 任　　　　　1925.11.23 免
许　羲　1925.11.23 任　　　　　1926 免
梁树熊　1926 任　　　　　1926 免
李乃纲　1926.9.15 任　　　　　1927.6.11 免
罗守颐　1927.6.11 任　　　　　1929 免
方德华　1929.10.15 任　　　　　1931.1.12 免
方孝狱　1931.1.12 任
覃元超　1931.6.1 到职　　　　　1932.1.16 免
任绍明　1932.1.16 任　　　　　1932.2.17 免
覃元超　　　　　　　　　　　　1933.10.28 免
黄秉勋　1933.10.28 任　　　　　1935.8.10 免
谢鹤年　1935.8.10 任　　　　　1939.2 免

欧 兼	1939. 2. 15 任	1940. 3. 16 免
温一华	1940. 3. 16 任	1940. 10 离职
汤灿华	1940. 10 任	1944. 12 离职
温一华	1945. 7. 27 任	1947. 5. 13 免
吴志达	1947. 5. 13 任	1948. 5 免
朱集禧	1948. 5. 6 任	1949. 1. 22 撤
黄汉山	1949. 1. 22 任	

高明县县长

杨霭如		1926 免
胡以兰	1926. 3. 1 到职	
陈长龄	1928. 2. 10 任	
邹 谋	1929. 6. 11 任	1930. 1 免
黄朝彦	1930. 1. 16 任	1930. 4 撤
饶子康	1930. 4. 8 任	
吴仕湘	1931. 6. 13 任	1932. 2 免
梁朝威	1932. 2. 17 任	
何晏清	1933. 8. 17 任	1935. 4. 17 免
李光文	1935. 4. 17 任	1936. 10. 29 免
翁翰中	1936. 10. 29 任	
邓公烈	1938. 3. 24 任	1940. 7. 3 免
陈戊荪	1940. 7. 3 任	1942. 5. 22 免
钟 岐	1942. 5. 22 任	
陈斗宿		1945 免
朱集禧		1946. 6. 5 免
丘健章	1946. 6. 5 任	1947. 5. 13 免
廖宗明	1947. 5. 13 任	1948. 11. 2 免
谢伟豪	1948. 11. 2 任	1949. 3. 16 免
劳穗生	1949. 3. 16 任	

开建县县长

李汉勋		1925. 12 免
邓邦谟	1925. 12. 5 任	1926 免

何炳林　1926 任　　　　　　　　　　1926 免

陈仲伟　1926.12.11 到职　　　　　　1927.3.4 免

谭人伟　1927.3.4 任　　　　　　　　1927.7.30 免

陈以拔　1927.7.30 任

黄禧光　1928.2.9 任

周季文　1928.10.22 任

陆吉甫　1929.10.11 任　　　　　　　1930.3 免

吴履泰　1930.3.3 任　　　　　　　　1931.7 离职

李其章　1931.5 任　　　　　　　　　1932.4.13 免

何克夫　1932.4.13 任　　　　　　　 1933.2.18 免

林乔年　1933.2.18 任　　　　　　　 1933.9.13 免

符端初　1933.9.13 任

陈方绥　1936.8 到职　　　　　　　　1936.10.12 免

李勉成　1936.10.12 任　　　　　　　1937.6 免

韩继中　1937.6.26 任

朱灼南　1945.9.11 到职　　　　　　 1946.5.18 免

古绍辙　1946.5.18 任　　　　　　　 1948.8.9 免

陈国垣　1948.8.9 任　　　　　　　　1948.10.2 免

张孚亨　1948.10.2 任　　　　　　　 1949.7.1 免

伍穗新　1949.7.1 任

惠阳县县长

何彬如　1925.7.21 任

黄右公　1925.10.21 任　　　　　　　1925.10.29 免

罗伟疆　1925.10.29 任　　　　　　　1926 免

刘采亮　1926 任　　　　　　　　　　1926 免

刘祖汉　1926 任　　　　　　　　　　1926 免

张左丞　1926 任　　　　　　　　　　1926 免

陈贞瑞　1926.10.18 到职　　　　　　1927.1.18 免

罗　俊　1927.1.18 任

黄朝彦　1927.4.19 到职（临时县长，省未委任）

俞俊民　1927.6.1 任　　　　　　　　1927.6.18 免

172

梁之梅	1927. 6. 18 任	1927. 11 免
戴旭升	1927. 11 任	
骆凤梧		1928. 5. 10 免
黄均铨	1928. 5. 10 任	1929. 2. 1 免
方德华	1929. 2. 1 任	1929. 5 免
毛　琦	1929. 5. 21 任	1929. 9. 3 免
周俊甫	1929. 9. 3 任	
任绍明	1931. 5. 20 到职	1932. 1. 16 免
莫荫交	1932. 1. 16 任	1932. 12 离职
张远峰	1932. 11. 14 任	1933. 4. 6 免
邓　昙	1934. 4. 6 任	1935. 7 撤
黎葛天	1935. 7. 30 任	1936. 10. 12 免
黄公柱	1936. 10. 12 任	
丘　誉	1937. 9. 7. 任	
蓝　逊	1937. 12. 26 任	1939. 1. 18 免
刘秉纲	1939. 1. 18 任	1939. 11. 29 免
邓士采	1939. 11. 29 任	1941. 1. 12 免
黄佩伦	1941. 1. 12 任	1942. 3. 18 免
李鼎谋	1942. 3. 18 任	1943. 5. 4 免
罗　隆	1943. 5. 4 任	1944. 4 免
叶云龙	1944. 5 到职	1945. 3 离职
罗懋勋	1945. 2 任	1945. 12. 25 免
任颖辉	1945. 12. 25 任	1946. 11. 13 免
梁国材	1946. 11. 13 任	1947. 9. 19 免
练秉彝	1947. 9. 19 任	1948. 7. 7 免
黄志鸿	1948. 7. 7 任	1949. 3. 25 免
黄佩伦	1949. 3. 25 任	

博罗县县长

王瑞祺	1925. 7. 21 任	
江董琴	1925. 10. 13 任	
黄右公	1925. 10. 29 任	1926 免

麦鼎勋　1926.9.27 到职　　　　　1927.12.3 免

王瑞祺　1927.12.3 任

麦鼎勋　　　　　　　　　　　　　1929.7.27 免

钟　泰　1929.7.27 任

朱晋经　1929.10.11 任　　　　　1930.6.28 免

郎丙文　1930.6.28 任　　　　　　1931.4.9 免

朱坚白　1931.4.9 任

蓝成干　1931.6.1 到职　　　　　1932.12.20 离职

林黄卷　1932.11.14 任　　　　　1933.5.27 免

岑衍景　1933.5.27 任　　　　　　1933.12.27 免

刘均誉　1933.12.27 任　　　　　1935.10.12 免

方乃斌　1935.10.12 任　　　　　1936.9.16 免

肖养晦　1936.9.16 任　　　　　　1937.10 撤

黄仲榆　1937.10.18 任　　　　　1942.4.1 免

曾宪章　1942.4.1 任　　　　　　1944.9 免

蓝萼洲　1944.10 到职　　　　　　1945.3 免

霍瑜缘　1945.4.1 到职　　　　　1946.4 免

何迺英　1946.4.18 任　　　　　　1948.2 免

吴舜农　1948.2.26 任　　　　　　1949.8.19 免

张希贤　1949.8.19 任

海丰县县长

李家礼　1925.10.15 任

李孝则　1925.10.31 任

张治平　1926.5.25 到职　　　　　1927 免

欧阳洸　1927.6.7 任

方书彪　1928.2.20 任

黄植栅　　　　　　　　　　　　　1928.5.10 免

钟秀南　1928.5.10 任

方瑞麟　1929.3.9 任（辞不赴任）

陈祖贻　1929.4.19 任　　　　　　1930.1.12 离职

吴仁光　1929.12.25 任　　　　　1931.9 离职

174

曾　越　1931.9.18 到职　　　1932.4.2 免

林黄卷　1932.4.2 任　　　　1932.11.14 免

郑里铎　1932.11.14 任　　　1933.1.7 免

郑里镇　1933.1.7 任　　　　1935.10.12 免

刘均誉　1935.10.12 任　　　1936.10.3 免

姚之荣　1936.10.3 任　　　　1940.3.6 免

庄清沅　1940.3.6 任　　　　1940.12.25 免

李　钰　1940.12.25 任　　　1941.9.9 免

曾镇南　1941.9.9 任　　　　1943.9.12 免

张蔚文　1943.9.12 任

黄仲文　1944.9.16 到职　　　1946.5.18 免

黄干英　1946.5.18 任　　　　1949.3.16 免

戴雁宾　1949.3.16 任　　　　1949.7.19 撤

张　诚　1949.7.19 任

陆丰县县长

李崇年　1925.10.20 任

李秀藩　1926.2.16 到职

汪涤陈　1927.5.31 任　　　　1927.7.30 免

陈　权　1927.7.30 任　　　　1927.11 免

钟伟汉　1927.11 任

林奋吾　1928.2.20 任（辞不赴任）

刘克明　1929.6.25 任

唐　健　1929.12.19 任　　　1931.3 免

李伟光　1931.3.26 任

陈　浚　1931.7.4 到职　　　　1931.11.24 免

范国彦　1931.11.24 任　　　1932.11.30 免

杨幼敏　1932.11.30 任　　　1933.11.3 免

李节史　1933.11.3 任　　　　1934.9.8 免

官其兰　1934.9.8 任

苏陈亮　　　　　　　　　　　1936.10 免

欧汝钧　1936.10.3 任　　　　1939.8.2 免

张化如　1939.8.2 任　　　　1941.6 撤

吴　今　1941.6.23 任　　　1942.3.31 免

左新中　1942.3.31 任　　　1943.7 撤

曾兆鹏　1943.7.17 任　　　1944.9 离职

陈藻文　1944.9 到职　　　1946.1.22 免

罗尚忠　1946.1.22 任　　　1947.12.26 免

赖舜纯　1947.12.26 任　　1949.3.16 免

颜国璠　1949.3.16 任　　　1949.6 免

钟铁肩　1949.6.14 任

河源县县长

李克成　1925.10 任　　　　1926 免

曾如松　1926 任　　　　　1926 免

赵实贤　1926.10.19 到职

邓　杰　　　　　　　　　1927.11 免

黄元友　1927.11 任

谢佩西　　　　　　　　　1928.2.14 免

何龙章　1928.2.14 任　　　1928.4.9 免

欧阳洸　1928.4.9 任　　　1929.4.19 免

梁若谷　1929.4.19 任　　　1929.8 免

张尔超　1929.8 任　　　　1931.1.6 免

邓祖望　1931.1.6 任　　　1931.6.13 免

罗仲威　1931.6.13 任

何弼卿　1931.6.23 任　　　1932.1.16 免

伍小石　1932.1.16 任　　　1932.7.8 离职

黄其藩　1933.7.8 到职　　　1933.8.5 免

钟耀琨　1933.8.5 任　　　1936.10.29 免

曾杜清　1936.10.29 任　　1938.2.13 免

梁翰昭　1938.2.13 任　　　1938.3.7 免

黄秉勋　1938.3.7 任　　　1939.2 免

吴式均　1939.2.15 任　　　1943.9.1 免

马克珊　1943.9.1 任　　　1946.3.1 免

张国馨　1946.3.1 任　　　　1948.6.24 免
黄锡彤　1948.6.24 任　　　　1949.8.2 免
黄志鸿　1949.8.2 任

龙门县县长

李家修　1925 任
蔡　慎　1925.10.1 任　　　　1925.12 撤
吴明洸　1925.12.31 任
邓邦谟　　　　　　　　　　　1926.12.31 免
范瑞楠　1926.12.31 任
朱沧浪　1928.2.10 任　　　　1928.5.21 免
庄陶如　1928.5.21 任　　　　1928.7.3 免
陈浩钧　1928.7.3 任　　　　1929.1.29 免
方德华　1929.1.29 任　　　　1929.2.1 免
陆树昌　1929.2.1 任　　　　1929.8 免
罗仲达　1929.8 任　　　　　1931.5 免
招念慈　1931.7.11 到职　　　1936.5.19 免
吕树芳　1936.5.19 任　　　　1936.10.29 免
吕灿铭　1936.10.29 任　　　1937.12.31 免
汤灿华　1937.12.31 任　　　1940.10 离职
朱　曼　1940.10 到职　　　　1940.11 离职
郑泽光　1940.11.26 任　　　1942.2.19 免
张绍琨　1942.2.19 任　　　　1944.4 离职
周正之　1944.4 到职　　　　1945.3 离职
刘伟森　1945.3 到职　　　　1946.3 离职
丘学训　1946.2.22 任　　　　1947.5.13 免
张超然　1947.5.13 任　　　　1948.2.26 免
钟定天　1948.2.26 任　　　　1948.12.4 免
关耀宗　1948.12.4 任　　　　1949.7.1 免
叶索平　1949.7.1 任（久不赴任，1949.8.30 撤委）
韩家让　1949.8.30 任
谢明轩　1949 任

紫金县县长

罗军达	1925.7 任	
陈侠夫	1925.10.30 任	1926 免
谢　寅	1926.3.10 到职	1927.1.18 免
郭民发	1927.1.18 任	1927.6.13 免
丘国忠	1927.6.13 任	
洪砚香	1928.2.10 任	
黄蔚竞	1929.1 任	
龙　炎	1929.7.31 任	1930.1.10 离职
刘倬寰	1929.12.25 任	1931.3 免
陈伟器	1931.3.26 任	
徐叔孟	1931.6.7 到职	1932.6.18 离职
何晏清	1932.6.4 任	1933.9.1 离职
曾锡纯	1933.8.17 任	1935.3.13 免
林建略	1935.3.13 任	1936.5 免
戴旭升	1936.5.9 任	
江锦兴	1936.10.15 任	1938.1.9 免
钟　岐	1938.1.9 任	1939.4 免
缪叔民	1939.4.15 任	1940.4.28 免
李　蔚	1940.4.28 任	1943.3.16 免
黎超俊	1943.3.16 任	
钟震华		1945.12.25 免
彭　锐	1945.12.26 任	1949.6 撤
黄尚达	1949.6.28 任	

新丰县县长

潘子文	1925.10.29 任	1926 撤
朱　震	1926 任	1926 免
郭次陶	1926 任	1927.8.27 撤
陈运炽	1927.8.27 任	1927.12.3 免
谢达夫	1927.12.3 任	
陈运炽		1928.5.10 免

178

姚希明　1928.5.10 任　　　　1929.3.19 免

梁若谷　1929.3.19 任　　　　1929.4.19 免

欧阳洸　1929.4.19 任　　　　1931.4.11 免

李公明　1931.4.11 任　　　　1931.6.13 免

吴志强　1931.6.13 任　　　　1931.7 免

郑精一　1931.7.30 到职　　　1932.5.21 免

黄炳坤　1932.5.21 任　　　　1933.8.22 免

倪渭卿　1933.8.22 任　　　　1934.9.8 免

吕树芳　1934.9.8 任　　　　1936.5.19 免

陈宗海　1936.5.19 任　　　　1936.12.21 免

欧钟瑞　1936.12.21 任　　　1937.12.31 免

朱海珊　1937.12.31 任

黎葛天　1938.12.10 任　　　1940.3.16 免

黄干英　1940.3.16 任　　　1942.3.31 免

陈　淦　1942.3.31 任　　　1943.9.12 免

邓煜华　1943.9.12 任

李　泺　1945.7.3 任　　　　1946.11.13 免

王绍通　1946.11.13 任　　　1947.5.13 免

罗联辉　1947.5.13 任　　　1947.12.18 免

李泛舟　1947.9.13 任（代行县长职）

　　　　1947.12.18 任　　　1948.11 撤

张汉良　1948.11.22 任　　　1948.12.27 免

陈中瑞　1948.12.27 任　　　1949.8.23 撤

许剑虹　1949.8.23 任

汕头市（1928.7 由市政厅改组为市政府）市长

杨　霖　1925.7 任

范其务　1925.11.12 任　　　1926.11 免

张永福　1926.11.6 到职　　　1927.5 免

方乃斌　1927.5.16 任　　　　1927.9.13 免

肖冠英　1927.9.13 任　　　　1927.12.3 免

　　　　（1927.10.18 补发委任令）

凌景流　1927. 12. 3 任

肖冠英　　　　　　　　　　　　　1928. 3. 28 免

黄开山　1928. 3. 28 任　　　　1928. 8. 18 免

陈国榘　1928. 8. 18 任　　　　1929. 5. 31 免

许锡清　1929. 5. 31 任　　　　1930. 7. 12 免

张　纶　1930. 7. 12 任　　　　1931. 6. 13 免

黄子信　1931. 6. 13 任　　　　1932. 4. 30 免

翟俊千　1932. 4. 30 任　　　　1932. 11 免

翟宗心　1932. 11. 15 到职　　　1935. 5. 11 免

李源和　1935. 5. 11 任　　　　1936. 2. 25 免

陈同昶　1936. 2. 25 任　　　　1936. 10. 29 免

黄秉勋　1936. 10. 29 任　　　　1938. 3 免

何　彤　1938. 3 任　　　　　　1939. 1 免

张虞韶　1939. 1 任　　　　　　1939. 1. 17 免

巫　琦　1939. 1. 18 任　　　　1939. 6 免

罗献祥　1939. 6 任

谭葆寿　（1946 任内病故）

翁桂清　1946. 2. 20 任

李国俊　1948. 1. 12 任　　　　1949. 6. 3 免

方少云　1949. 6. 3 任

潮安县县长

刘侯武　　　　　　　　　　　　1925. 12. 5 免

余心一　1925. 12. 5 任

谢松楠　1926. 10. 22 到职　　　1927. 5. 3 免

王　宇　1927. 5. 3 任　　　　1927. 9. 13 免

方乃斌　1927. 9. 13 任　　　　1927. 11. 10 免

李世安　1927. 11. 10 任

李竺侬　1928. 2. 14 任　　　　1929. 6. 14 免

阮淑清　1929. 6. 14 任　　　　1931. 6 离职

吴文献　1931. 6. 1 到职

龙思鹤　1932. 6. 4 任　　　　1932. 11. 14 免

廖桐史　1932. 11. 14 任　　　　1933. 12. 6 免

辛星桥　1933. 12. 6 任　　　　1935. 5. 7 免

李慧周　1935. 5. 7 任　　　　1936. 3. 3 免

陆桂芳　1936. 3. 3 任　　　　1936. 10. 12 免

胡铭藻　1936. 10. 12 任　　　1937. 12. 26 免

曾则生　1937. 12. 26 任

黄启光　　　　　　　　　　　1939. 1. 25 免

梁翰昭　1939. 1. 25 任　　　　1939. 6 免

巫　琦　1939. 6 任（未到任）

吴履泰　1939. 7 任　　　　　　1941. 5. 9 免

洪之政　1941. 5. 9 任　　　　1942. 3. 2 免

练秉彝　1942. 3. 2 任　　　　1943. 3. 12 免

李振东　1943. 3. 12 任　　　　1945. 5 离职

洪之政　1945. 5 到职　　　　　1945. 12. 26 免

朱宗海　1945. 12. 26 任　　　1949. 5. 6 免

陈　侃　1949. 5. 6 任　　　　1949. 7 免

洪之政　1949. 7. 26 任

潮阳县县长

黄为材　　　　　　　　　　　1925. 12. 5 免

刘侯武　1925. 12. 5 任（未赴任）

毛思诚　　　　　　　　　　　1926. 12. 31 免

刘泳阊　1926. 12. 31 任　　　1927. 5 免

王叔增　1927. 5. 3 任

陈　权　1928. 2. 10 任　　　　1928. 8 免

翟瑞元　1928. 8. 18 任　　　　1929. 2 免

邓邦谟　1929. 2. 16 任　　　　1929. 6 免

杜周南　1929. 6. 14 任

黄宗宪　　　　　　　　　　　1930. 6 免

吴钦禅　1930. 6. 17 任　　　　1931. 5 免

方乃斌　1931. 5 任　　　　　　1931. 7 免

区灵侠　1931. 7 到职　　　　　1932. 4. 2 免

关素人　1932. 4. 2 任　　　　　1932. 8. 24 免

方瑞麟　1932. 8. 24 任　　　　1933. 4. 10 免

温翀远　1933. 4. 10 任　　　　1934. 10. 9 免

陆桂芳　1934. 10. 9 任　　　　1936. 3. 3 免

缪任仁　1936. 3. 3 任　　　　　1938. 2. 13 免

张虞绍　1938. 2. 13 任　　　　1938. 12. 18 免

林志见　1938. 12. 18 任　　　1939. 5 免

蔡奋初　1939. 5. 7 任　　　　　1939. 12 离职

沈梓卿　1939. 12 到职　　　　1941. 10. 6 免

胡公木　1941. 10. 6 任　　　　1943. 10. 9 免

古焕谟　1943. 10. 9 任　　　　1945. 3 免

陶发奋　1945. 4 到职　　　　　1946. 2. 8 免

余建中　1946. 2. 13 任　　　　1948. 3. 17 免

胡公木　1948. 3. 17 任　　　　1949. 5. 20 免

萧亮开　1949. 5. 20 任（未赴任）

陈丹青　1949. 6. 14 任

揭阳县县长

陈卓凡　1925. 12. 11 任　　　1926 免

陈　浩　1926 任　　　　　　　1926 免

林修雍　1926 任　　　　　　　1926 免

丘君博　1926. 11. 3 到职　　　1927. 11 免

吴种石　1927. 11 任

黄泳台　1928. 4. 9 任

王仲和　1928. 8. 23 任　　　　1929. 2. 8 免

岑学侣　1929. 2. 8 任　　　　　1929. 6. 14 免

林祖泽　1929. 6. 14 任

毛　琦　1929. 10. 11 任　　　　1931. 1. 12 免

方德华　1931. 1. 12 任

何炯璋　1931. 5. 22 任

谢鹤年　1931. 12. 12 任　　　　1935. 8. 10 免

黄秉勋　1935. 8. 10 任　　　　1936. 10. 29 免

陈同昶　1936.10.29 任（辞不赴任）

马炳乾　1936.12.21 任　　　　1938.3.7 免

梁翰昭　1938.3.7 任　　　　　1939.1.25 免

陈友云　1939.1.25 任　　　　1940.2.14 免

林先立　1940.2.14 任　　　　1942.8.7 免

陈暑木　1942.8.7 任　　　　　1943.8.25 免

陈友云　1943.8.25 任

李振东　1945.6 到职　　　　　1946.3.1 免

黄仲瑜　1946.3.1 任　　　　　1946.11.13 免

黎　贯　1946.11.13 任　　　　1947.3.24 撤

张美淦　1947.3.24 任　　　　1948.5 撤

潘汉逵　1948.5.13 任　　　　1949.4.12 免

何宝书　1949.4.12 任

澄海县县长

吴伯森　1925.6.16 到职　　　1925.7.18 离职

黄人雄　1925.7.19 到职　　　1925.11.4 离职

林贤缵　1925.11.5 到职　　　1925.12.4 离职

余心一　1925.11.12 任　　　　1925.12.5 免

黄为材　1925.12.5 任　　　　1926.6.15 离职

高汉锹　1926.6.16 到职　　　1927.9.13 免

胡贤瑞　1927.9.13 任　　　　1927.12.3 免

叶守约　1927.12.3 任

张大猷　1928.2.9 任　　　　　1928.8.18 免

余葆贞　1928.8.18 任

方炳彰　1928.9.28 任　　　　1929.6.14 免

朱公准　1929.6.14 任　　　　1930.1 离职

朱葆华　1929.12.30 任　　　　1930.8.20 免

陈剑虹　1930.8.20 任　　　　1931.1.11 离职

黄国梁　1931.1.12 到职　　　1931.6.7 离职

孙甄陶　1931.6.8 到职　　　　1932.5.12 免

吴志强　1932.5.12 任　　　　1933.4.6 免

钟　歧　1933.4.6 任　　　　1936.10.15 免

张虞韶　1936.10.15 任　　　1938.2.13 免

缪任仁　1938.2.13 任　　　 1939.1.11 离职

卞稚珊　1938.12.8 任　　　 1939.8.15 离职

李少如　1939.8.16 到职　　 1943.3.6 免

林沛然　1943.3.6 任　　　　1945 免

林象盛　1945.7 到职　　　　1945.12.25 免

蓝萼洲　1945.12.25 任　　　1946.6.5 免

陈天民　1946.6.5 任　　　　1947.9.19 免

彭文和　1947.9.19 任　　　 1948.11.2 免

侯慕彝　1948.11.2 任

饶平县县长

温彦超　1925.5 到职　　　　1925.12 免

蔡　田　1925.12.5 任　　　 1926 免

黄晓沧　1926 任　　　　　　1926 免

陈小豪　1926 任　　　　　　1926.12.25 免

蔡奋初　1926.12.25 任　　　1927 免

胡贤瑞　1927.6.1 任　　　　1927.9.13 免

毛　琦　1927.9.13 任　　　 1929.4 免

黄安富　1929.4.12 任

黄昌言　1929 任　　　　　　1930.1.16 免

陈蓼楚　1930.2 到职　　　　1930.6.28 免

陈冬青　1930.6.28 任　　　 1931.1 免

刘一昆　1931.1.6 任　　　　1931.6 离职

林世恩　1931.6.12 到职　　 1932.3.16 离职

李岱云　1932.2.17 任　　　 1932.9.19 免

马炳乾　1932.9.19 任　　　 1933.7.8 免

陆桂芳　1933.7.8 任　　　　1934.10 离职

梁国武　1934.10 到职　　　 1935.6.22 免

何遁英　1935.6.22 任　　　 1935.11.13 免

梁国材　1935.11.13 任　　　1936.10.3 免

周　东	1936.10.3 任	1938.2.17 免
黄炳坤	1938.2.17 任	1939.2.15 免
陈暑木	1939.2.15 任	
	1942.4.15 又任	1942.8.7 免
黄绪虞	1942.8.7 任	1943.6.4 免
刘竹轩	1943.6.4 任	1945.4 离职
林毅行	1945.4 到职	1946.2.8 免
饶邦泰	1946.2.13 任	1947.12.26 免
詹竞烈	1947.12.26 任	1949.4.12 免
洪之政	1949.4.12 任	1949.7.26 免
梁国材	1949.7.26 任	

普宁县县长

陈志强	1925.12.5 任	1926 免
熊　矩	1926 任	1926 免
郑雪桥	1926.10.24 到职	1927.1 离职
戴　恕	1927.1 到职	1927.5.23 免
陈逸川	1927.5.23 任	1927.11 免（已离职）
丁拱北	1928.2.10 任	1928.8.23 免
曾　越	1928.8.23 任	
王　炯	1929.6.21 任	
廖国器	1930.1.16 任	1930.6.7 免
王　敬	1930.6.7 任	1931.1.12 免
张叔廉	1931.1.12 任	1931.6.13 免
张　伦	1931.6.13 任（似未赴任）	
方乃斌	1931.7 到职	1932.4.2 免
周　东	1932.4.2 任	1933.9.1 离职
张我东	1933.8.16 任	
曾友文	1934.4.2 任	1936.3.10 免
陈猛荪	1936.3.10 任	1936.10.29 免
王仁宇	1936.10.29 任	1939.1.30 免
杜　邦	1939.1.30 任	1940.9.29 免

林森曾	1940.9.29 任	1941.6.5 免
丘启薰	1941.6.5 任	1942.11 撤
朱少言	1942.11.2 任	1944.11 离职
周英耀	1944.10.16 任	1948.5.20 免
曾 枢	1948.5.6 任	1949.5.20 免
方国柱	1949.5.20 任	

惠来县县长

查光佛	1925.11.12 任	1926 免
黄晓沧	1926 任	1926 免
方瑞麟	1926.11.1 到职	1927.2.7 免
徐希元	1927.2.7 任	1927.9.13 免
饶子康	1927.9.13 任	
吴炳奎	1928.2.10 任	
廖鸣鑫	1928.4.16 任	
林鹤年	1928.5.10 任	1929.6.21 免
陈季博	1929.6.21 任	
李本清	1929.11.21 任	
吴仕湘		1931.6.13 免
饶子康	1931.6.13 任	1932.3.14 免
吴鲁贤	1932.3.14 任	1932.7.30 免
李本清	1932.7.30 任	1933.3.9 离职
丘桂誉	1933.2.27 任	1935.4 免
李绍钦	1935.4.23 任	1940.1 离职
庄剑兰	1940.1 到职	1940.10.11 免
郑峻岳	1940.10.12 任	1943.6.8 免
方德明	1943.6.8 任	
陈宏葵	1944.9.16 到职	1946.2.22 免
方乃斌	1946.2.22 任	1948.2.26 免
方义灿	1948.2.26 任	1948.11 撤
邹 瑛	1948.11.29 任	1949.6.14 免
李士琦	1949.6.14 任	

丰顺县县长

郭渊谷	1925. 12. 11 任	1926 免
王正常	1926 任	1926 免
高人森	1926 任	1926. 11. 25 免
黄伟卿	1926. 11. 25 任	1927. 5. 20 免
李玉藻	1927. 5. 20 任	1927. 8. 17 免
冯熙周	1927. 8. 17 任	
方乃斌	1928. 5. 10 任	1929. 4. 18 免
肖鹏举	1929. 4. 18 任（未赴任）	
张叔廉	1929. 6. 21 任	
林先立		1930. 6. 11 免
何 英	1930. 6. 11 任	
皮嗣襄	1931. 1. 12 任	1931. 6. 13 免
陈耀寰	1931. 6. 13 任	1932. 6. 21 离职
张我东	1932. 6. 4 任	1933. 8. 16 免
林 彬	1933. 8. 16 任	1934. 5 亡
梁国材	1934. 5. 31 到职	1935. 11. 13 免
邓润康	1935. 11. 13 任	1936. 10. 3 免
张际清	1936. 10. 3 任	1938. 11 离职
罗克典	1938. 11. 5 到职	1939. 3 离职
刘禹轮	1939. 2. 15 任	1945. 5 离职
蓝萼洲	1945. 5 到职	1945. 12. 25 免
林甘侯	1945. 12. 26 任	1946. 11. 13 免
丘式如	1946. 11. 13 任	1948. 2. 26 免
吴式均	1948. 2. 26 任	1949. 6. 14 免
吴柏苍	1949. 6. 14 任	

南澳县县长

赵潜夫	1925. 7 任	
林少梅		1926 免
周声著	1926 任	1926 免
周 潜	1926. 9. 25 到职	1927. 9 免

曾伯垣	1927.9 任	1928.8 免
杨瑞歧	1928.8.23 任	1929.6.25 免
林先立	1929.6.25 任	1929.7 撤任
陈介民	1929.7.27 任	1930.7 免
罗湘元	1930.7.12 任	1931.11 免
罗治浒	1931.11.4 任	1932.12.1 离职
林志见	1932.12.1 到职	1936.10.3 免
林捷之	1936.10.3 任	
洪之政	1938.7.26 任	1941.5.9 免
陈汉英	1941.5.9 任	1941.6.5 免
章潜龙	1946.6.5 任	1946.11.13 免
林师珍	1946.11.13 任	1948.11.6 免
陈鸿强	1948.11.6 任	1949.6.24 免
李少如	1949.6.24 任	

南山管理局局长

薛汉光	1935.9 任	1936.12.7 免
刘秉纲	1936.12.7 任	1939.1.18 免
黄瑞如	1939.1.18 任	1940.9.26 免
曾也石	1940.9.26 任	
易敬简	1945.7.26 到职	1946.6.5 免
郭基杨	1946.6.5 任	1948.10.2 免
林　达	1948.10.2 任	1949.6.14 免
李　鸿	1949.6.14 任	

兴宁县县长

罗师杨	1925.10.30 任	1926 免
冯齐平	1926 任	1926 免
萧公望	1926.10.25 任	1927.6.24 免
罗卓汉	1927.6.24 任	1927.9.13 免
谢达夫	1927.9.13 任	1927.12.3 免
缪渭封	1927.12.3 任	
黄泳台	1928.2.14 任	1928.4.9 免

谢达夫	1928.4.9 任	1928.7.27 免
廖桐史	1928.7 任	1929.4.19 免
马文芳	1929.4.19 任	1929.6.14 免
伊光仪	1929.6.14 任	1930.1.16 免
丘瑞甲	1930.1.16 任	1930.8.7 免
何 振	1930.8.7 任	1930.9.4 免
曾传经	1930.9.4 任	
李岱云	1931.6.18 到职	1932.3.16 离职
林世恩	1932.2.17 任	1932.11.14 免
李慧周	1932.11.14 任	1935.5.7 免
彭精一	1935.5.7 任	1936.10.12 免
傅 疆	1936.10.12 任	
李郁焜	1937.9.7 任	1937.12.26 免
汪大燧	1937.12.26 任	1939.2 免
李伯球	1939.2.3 任	1939.8.21 免
何迺英	1939.8.21 任	1940.5.18 免
罗 醒	1940.5.18 任	1940.9.29 免
刘 平	1940.9.29 任	1942.1.24 免
温克威	1942.1.24 任	1944.3 免
缪任仁	1944.3 任	1946.6 免
邓鸿芹	1946.6.5 任	1947.9 免
童日苏	1947.9.13 任	1948.2 免
萧蔚民	1948.2.26 任	1948.11 免
陈郁萍	1948.11 任	1949.7 撤
谢海寿	1949.7.19 任	

梅县县长

江董琴		1926 免
汪啸涯	1926 任	1926.12.25 免
彭汉垣	1926.12.25 任	1927.2 撤
温明卿	1927.2.17 任	1927.6.1 免
侯昌龄	1927.6.1 任	1927.11 免

赵文饶　1927.11 任

伍子车　1928.2.14 任　　　　　1928.7.27 免

谢达夫　1928.7.27 任　　　　　1929.6.11 免

雷国能　1929.6.11 任

吴钦禅　1929.10.11 任

江　璇　1930.5.16 到职　　　　1931.9.30 免

彭精一　1931.9.30 任　　　　　1935.5.7 免

梁翰昭　1935.5.7 任　　　　　1937.12.13 免

杨幼敏　1937.12.13 任　　　　1939.1 免

梁国材　1939.1.18 任　　　　　1942.1.24 免

李世安　1942.1.24 任　　　　　1943.5.1 免

缪任仁　1943.5.1 任　　　　　1944.3 免

温克威　1944.3 任　　　　　　1946.5.18 免

陈　淦　1946.5.18 任　　　　　1947.12.18 免

张简荪　1947.12.18 任　　　　1948.11 免

张君燮　1948.11.6 任　　　　　1949.7 撤

柯远芬　1949.7.19 任　　　　　1949.9.30 免

邓少贞　1949.9.30 任

五华县县长

温其藩　1925.10.30 任　　　　1926 免

胡　谆　1926 任

温鸣谦　1926.11.1 到职　　　　1927.2.23 免

张敷文　1927.2.23 任　　　　　1927.6.24 免

周演明　1927.6.24 任　　　　　1927.9.5 免

古锡龄　1927.9.5 任　　　　　1927.11 免

潘　继　1927.11 任

张　昆　1928.2.9 任

方炳彰　1928.8.29 任　　　　　1928.9.29 免

余葆贞　1928.9.29 任　　　　　1929.5.31 免

邹　谋　1929.5.31 任　　　　　1929.6.11 免

魏　荣　1929.6.11 任　　　　　1930.1.16 免

陈蓼楚　1930.1.16 任

魏　荣　　　　　　　　　　　　1931.1.12 免

钟耀昆　1931.1.12 任　　　　1933.8.5 免

黄其藩　1933.8.5 任　　　　1934.9.8 免

张景云　1934.9.8 任　　　　1936.12.21 免

陈汝季　1936.12.21 任

曾友文　1937.12.12 任

蓝　逊　1939.1.18 任　　　　1939.5.13 免

刘奋翘　1939.5.13 任　　　　1940.4.10 免

张际清　1940.4.10 任　　　　1941.4 免

李则谋　1941.4 任　　　　　1941.10 免

凌　准　1941.10.17 任　　　1943.3.23 免

李　蔚　1943.3.23 任　　　　1944.9 离职

缪叔民　1944.8 到职　　　　1945.12.25 免

丘式如　1945.12.26 任　　　1946.11.13 免

魏育怀　1946.11.13 任　　　1948.10.25 免

杨竟华　1948.10.25 任　　　1949.5.6 免

钟定天　1949.5.6 任　　　　1949.8.19 免

黄清华　1949.8.19 任

蕉岭县县长

温明卿　1925.12.5 任　　　1926 免

魏定荣　1926.6.25 到职　　1927.5.21 免

刘兼善　1927.5.21 任

廖天骅　1928.2.10 任

何龙章　1928.4.9 任　　　　1928.12.15 免

廖鸣鑫　1928.12.15 任　　　1929.6.14 免

陈季博　1929.6.14 任　　　　1929.6.21 免

叶宝爸　1929.6.21 任　　　　1929.12.4 免

陈　槎　1929.12.4 任　　　　1930.7.12 免

陈介民　1930.7.12 任

陆桂芳　1931.5.26 到职　　1931.11.24 免

陈　浚　1931.11.24 任　　　　1932.3.14 免
黄元友　1932.3.14 任　　　　1936.9.16 免
陈培琛　1936.9.16 任　　　　1937.12.30 免
邓染原　1937.12.30 任　　　1938.10 离职
张际清　1938.10.8 任　　　　1940.4.10 免
钟汝常　1940.4.10 任　　　　1941.1.28 免
朱浩怀　1941.1.28 任　　　　1945.2 免
黄道南　1945.2 任　　　　　1945.12.25 免
缪叔民　1945.12.26 任　　　1947.9.20 免
李秋谷　1947.9.20 任　　　　1948.3 撤
曾涤民　1948.3.17 任　　　　1949.4.22 免
陈英杰　1949.4.22 任

平远县县长

姚海珊　1925.11.10 任　　　1926 免
何　厂　1926 任　　　　　　1926 免
陈贵才　1926 任　　　　　　1926 免
吴伟康　1926 任
林公顿　1928.2.10 任　　　　1929.6.25 免
梁石荪　1929.6.25 任　　　　1929.9.3 免
莫德一　1929.9.3 任
罗骏超　1929.11.9 任
陈卓民　1931.7.5 到职　　　　1931.10.16 免
饶菊逸　1931.10.16 任　　　1932.4.9 免
林　彬　1932.4.9 任
张章图　1933.8.16 任
林公顿　1934.12.1 到职　　　1938.8 离职
朱浩怀　1938.8.18 任　　　　1941.1.28 免
缪任仁　1941.1.28 任　　　　1943.5 免
秦庆钧　1943.5.1 任
谢宪章　1945.2 任　　　　　1945.7 离职
丘学训　1945.7.9 到职　　　1946.3.13 离职

张冠英	1946. 3. 13 到职	1946. 11. 13 免
张任寰	1946. 11. 13 任	1948. 4. 14 离职
黄纯仁	1948. 3. 17 任	1949. 8. 26 免
郭虎三	1949. 8. 26 任	

大埔县县长

谢直君		1926 撤
陈毓辉	1926 任	1926 免
叶醉生	1926 任	1927. 1. 8 免
曾希周	1927. 1. 8 任	
刘织超	1927. 7 任	
黄逸民	1928. 2. 10 任	1928. 5. 31 免
黄宗宪	1928. 5. 31 任	
刘织起	1929. 5. 31 任	
梁若谷	1929. 11. 1 到职	1933. 9. 13 免
张景云	1933. 9. 13	1934. 9. 8 免
范其务		1935. 8. 10 免
梁若谷	1935. 8. 10 任	1939. 3. 2 免
李善馀	1939. 3. 2 任	1943. 4. 3 免
罗博平	1943. 4. 3 任	1947. 9 撤
丘肇周	1947. 9. 24 任	1948. 3. 17 免
丘成清	1948. 3. 17 任	1948. 10. 25 免
饶邦泰	1948. 10. 25 任	1949. 8. 2 免
涂禹廷	1949. 8. 2 任	1949. 10. 4 免
钟忠伟	1949. 10. 4 任	

连平县县长

王道平	1925. 10 任	1926 免
罗仲达	1926. 4. 2 任	1927. 3. 16 免
姜玉笙	1927. 3. 16 任（辞不赴任）	
罗守颐	1927. 5. 23 任	1927. 6. 11 免
李乃纲	1927. 6. 11 任	
罗仲达	1927. 8. 26 任	

陈定策　1928. 2. 10 任　　　　1930. 8. 20 免

庄劲民　1930. 8. 20 任　　　　1931. 6 离职

张寿芝　1931. 6. 16 到职　　　1932. 4. 2 免

黄　武　1932. 4. 2 任　　　　　1935. 7. 3 免

谭仁训　1935. 7. 3 任　　　　　1936. 5. 9 免

曾文田　　　　　　　　　　　　1936. 12. 21 免

李柏存　1936. 12. 21 任

莫　铖　　　　　　　　　　　　1939. 5 免

杨德隆　1939. 5. 22 任　　　　1940. 4. 28 免

刘奋翘　1940. 4. 28 任　　　　1943. 6. 22 免

李崇鎏　1943. 6. 22 任　　　　1943. 9. 1 免

周世泰　1943. 9. 1 任　　　　　1944. 9 离职

邓飞鹏　1944. 9. 11 到职　　　1947. 5. 13 免

梁英华　1947. 5. 13 任　　　　1948. 9. 7 免

黄伯强　1948. 9. 7 任

和平县县长

孙绍康　1925. 11. 10 任

罗骏超　1926 任　　　　　　　1926 免

朱　震　1926. 11. 21 到职　　1927. 12. 3 免

黄永康　1927. 12. 3 任

徐炳荣　1928. 2. 10 任

李肇统　1929. 1. 9 任　　　　　1930. 2. 12 免

梁宝箴　1930. 2. 12 任　　　　1930. 8. 15 免

岑衍璟　1930. 8. 15 任　　　　1930. 10. 8 免

林国棠　1930. 10. 8 任　　　　1931. 6. 13 免

姚希明　1931. 7. 7 到职　　　　1932. 4. 16 离职

杨柱国　1932. 4. 17 到职

韩甲光　1934. 4. 2 任　　　　　1937. 12. 30 免

李则谋　1937. 12. 30 任

曾　枢　1941. 4 任　　　　　　1943. 5. 1 免

谢月峰　1943. 5. 1 任

194

杜湛津　1944.9.11 到职　　　1947.9.13 免

陈枕溪　1947.9.13 任　　　1948.2.26 免

黄梦周　1948.2.26 任　　　1949.4.22 免

徐定安　1949.4.22 任

龙川县县长

陈逸川　1925.10.20 任　　　1926 免

周日耀　1926 任　　　　　1926 免

宁　坤　1926 任　　　　　1926 免

李　景　1926 任

罗骏超　1926.11.5 到职

黄蔚文　1928.2.10 任

潘延阎　1928.8.10 任　　　1929.1.29 免

陈浩钧　1929.1.29 任　　　1929.6.21 免

丘瑞甲　1929.6.21 任　　　1930.1.16 免

古云琼　1930.1.16 任

云天琦　　　　　　　　　1931.6.13 免

邓衍芬　1931.6.13 任　　　1933.5.13 免

张蔚文　1933.5.13 任　　　1936.10 撤

林振德　1936.10.3 任　　　1938.2.17 免

黎　贯　1938.2.17 任

邓鸿芹　1939.3.20 任　　　1946.6.5 免

罗湘元　1946.6.5 任　　　1947.9.19 免

朱　华　1947.9.19 任　　　1948.5 免

黄学森　1948.5 任　　　　1949.6.14 免

黄道仁　1949.6.14 任

湛江市市长

郭寿华　1945.12.2 任　　　1947.5.13 免

柯景濂　1947.5.13 任　　　1948.5.13 免

张仲绛　1948.5.13 任　　　1948.12 免

何　莘　1948.12 任　　　　1949.6.24 免

梁仲江（？）1949.6.24 任

茂名县县长

吕仲仁	1925.12.31 任	1926 免
张远峰	1926 任	1926 免
熊　轼	1926.10.16 到职	1927.6.13 免
周颂西	1927.6.13 任	1927.11.10 免
陈守宪	1927.11.10 任	
李森芬	1928.2.10 任	1928.5.29 免
黄泳台	1928.5.29 任	
沈耀祖	1929.8.27 任	1930.4.8 免
姚世俨	1930.4.8 任	
莫阴交	1931.6.8 到职	1932.1.16 免
覃元超	1932.1.16 任	
黄鼎可	1932.2.17 任	1932.9.19 免
黄秉勋	1932.9.19 任	1933.10.28 免
缪任仁	1933.10.28 任	1936.3.3 免
李慧周	1936.3.3 任	1936.10.12 免
周景臻	1936.10.12 任	1937.12.26 免
沈　毅	1937.12.26 任	1938.12 离职
陆耀文	1938.11.21 任	1939.9 免
李午天	1939.9 任	1940.10.11 免
龙思鹤	1940.10.11 任	1941.1.8 免
林仲菜	1941.1.8 任	1941.11 撤
张虞韶	1941.11.21 任	1943.7.17 免
王公宪	1943.7.17 任	
陈子和		1946.6.5 免
缪任仁	1946.6.5 任	

阳江县县长

陈鸿慈	1925.12.5 任	1926 免
陆嗣曾	1926.10.16 到职	
区玉书		1927.11.10 免
李景纲	1927.11.10 任	

196

陈章衮 1928. 2. 10 任

姚之荣 1928. 9. 29 任 1929. 7. 2 免

李光第 1929. 7. 2 任 1929. 12. 30 免

吴 俊 1929. 12. 30 任 1931. 1. 6 免

李伯振 1931. 1. 6 任 1931. 5 免

江 楫 1931. 5. 28 到职 1931. 8. 15 免

李伯振 1931. 8. 15 任 1936. 10. 29 免

何治伟 1936. 10. 29 任 1937. 12 免

苏理平 1937. 12. 31 任

黄逸民 1938. 1. 30 任 1939. 2 免

陈修爵 1939. 2. 8 任 1939. 8 离

姚毓琛 1939. 8. 3 任 1940. 4. 10 免

吴仁光 1940. 4. 10 任 1941. 7 撤

彭展义 1941. 7. 3 任 1943. 9. 1 免

吴式均 1943. 9. 1 任

萧仲明 1945. 7. 26 到职 1946. 4. 18 免

罗 贤 1946. 4. 18 任 1948. 5. 6 免

关 巩 1948. 5. 6 任 1949. 4. 1 免

甘清池 1949. 4. 1 任

信宜县县长

刘竹居 1925. 12. 31 任

杨伟绩 1926. 10. 17 到职

何天瑞 1928. 9. 19 任 1929. 8. 20 免

陈元瑛 1929. 8. 20 任 1931. 6. 13 免

李建德 1931. 6. 13 任 1936. 12. 21 免

王铎声 1936. 12. 21 任 1937. 12. 26 免

李思辕 1937. 12. 26 任 1939. 1 免

张虞韶 1939. 1 任 1941. 11. 21 免

陈旒旆 1941. 11. 21 任 1945. 3 离

陈景必 1945. 3 到职 1946. 4. 18 免

钟超然 1946. 4. 18 任 1948. 9. 7 免

陆祖光　1948.9.7 任

电白县县长

谢维屏　1925.11.23 任

杨锡绿　1925.12.31 任　　　　　　1926 免

谢维屏　1926.7.7 到职　　　　　　1927.1.18 免

董凌欧　1927.1.18 任

姚之荣　1928.2.10 任

莫瑞瑛　1928.9.29 任　　　　　　1929.7.11 免

王光玮　1929.7.11 任　　　　　　1930.5.5 免

黄　白　1930.5 到职　　　　　　1930.10.1 免

曾仲宣　1930.10.1 任

江　揖　　　　　　　　　　　　1931.5 免

苏萍生　1931.5 任　　　　　　　1935.4.17 免

杨柱国　1935.4.17 任　　　　　　1936.11.5 免

黄枯桐　1936.11.5 任（辞不赴任）

翟瑞元　1936.12.21 任

陈励吾　1937.10.12 任

谢崧举　　　　　　　　　　　　1939.1.31 免

陈任之　1939.1.31 任　　　　　　1940.6.7 免

林春荣　1940.6.7 任　　　　　　1941.10.22 免

陈旒旌　1941.10.22 任　　　　　　1941.11.21 免

赖泽鋆　1941.11.21 任　　　　　　1942.8.7 撤

李明馨　1942.8.7 任　　　　　　1945.8 离职

赖　汉　1945.8 到职　　　　　　1948.4.18 免

谢富礼　1946.4.18 任　　　　　　1948.8 免

王德全　1948.8 任

化县县长

陈　琼　　　　　　　　　　　　1926 免

江　鋈　1925.12.15 任　　　　　　1926 免

杨锡绿（禄）1926.7.11 到职　　　1927.2.23 免

陈青选　1927.2.23 任　　　　　　1927.9.17 免

黄绍宣　1927. 9. 17 任

　　　　　1928. 3. 13 任　　　1928. 9. 19 免

杨伟绩　1928. 9. 19 任　　　1929. 8. 14 免

林炜耀　1929. 8. 14 任　　　1930. 9. 27 免

李源和　1930. 9. 27 任　　　1931. 5. 9 免

辛星桥　1931. 5. 9 任　　　1933. 12. 6 免

梁庆翔　1933. 12. 6 任　　　1936. 10. 29 免

龙思鹤　1936. 10. 29 任　　1939. 1. 19 免

庞　成　1939. 1. 19 任　　　1940. 9. 26 免

何宝书　1940. 9. 26 任　　　1943. 5. 18 撤

庞　成　1943. 5. 18 任　　　1945. 1 亡

李明馨　1945 任　　　　　　1946. 3. 1 免

吴梓芳　1946. 3. 1 任　　　1946. 11. 13 免

任颖辉　1946. 11. 13 任　　1947. 12. 18 免

钟锦添　1947. 12. 18 任

廉江县县长

陈　敬　1925. 12. 31 任

王维澈　1926 任（辞不赴任）

黄质文　1926. 7. 4 到职

陆精治　1928. 2. 10 任　　　1928. 5. 29 撤

钟喜焯　1928. 5. 29 任

宁可风　1929. 4. 4 任　　　1929. 4. 16 免

黄汝瀛　1929. 4. 16 任

潘绍桭　1929. 12. 25 任　　1930. 3. 15 免

黄　铿　1930. 3. 15 任　　　1930. 5. 10 免

潘绍桭　1930. 5. 10 任　　　1931. 2. 7 免

米星如　1931. 2. 7 任

李聪远　1931. 6. 1 到职　　　1932. 11. 14 免

林世恩　1932. 11. 14 任　　1935. 5. 7 免

辛星桥　1935. 5. 7 任　　　1936. 10. 3 免

赖　武　1936. 10. 3 任　　　1937. 11. 25 免

梁　麟　1937. 11. 25 任　　　　　1938. 12 免

王广轩　1938. 12 任（1939 任内亡）

邹　武　1939. 8 任　　　　　　1941. 1. 8 免

张　逊　1941. 1. 8 任　　　　　1941. 11. 23 免

黄　镇　1941. 11. 23 任　　　　1946. 3. 1 免

蔡　熹　1946. 3. 1 任　　　　　1949. 9 撤

陈钧镇　1949. 9. 13 任

阳春县县长

李伯振　1925. 11. 12 任　　　1931. 1. 6 免

孙昭度　1931. 1. 6 任　　　　1931. 7 免

叶洁芸　1931. 7 任　　　　　　1933. 8. 17 免

方乃斌　1933. 8. 17 任　　　　1935. 10. 12 免

郑里镇　1935. 10. 12 任　　　1936. 10. 3 免

叶凤生　1936. 10. 3 任　　　　1939. 1 免

董载泰　1939. 1. 28 任　　　　1943. 12 离职

陈启钊　1943. 12 任　　　　　1945. 7. 1 离职

陈　枢　1945. 7. 1 到职　　　　1945. 12. 25 免

马北拱　1945. 12. 25 任　　　1947. 5. 13 免

麦　骞　1947. 5. 13 任　　　　1947. 11 免

邓飞鹏　1947. 12. 5 到职

吴川县县长

苏鹗元　1925. 12 任　　　　　1926 免

姚之荣　1926 任　　　　　　　1926 免

陈侠夫　1926. 11. 11 到职　　1927. 2. 23 免

马　英　1927. 2. 23 任

李克育　1928. 2. 10 任

蒋敬明　1928. 9. 29 任　　　　1929. 4. 26 免

曾昭声　1929. 4. 26 任　　　　1930. 3. 19 免

肖惠长　1930. 3. 19 任　　　　1931. 1. 14 免

黄　武　1931. 1. 14 任

李乃奉　1931. 6. 13 到职　　　1932. 9 离职

李志毅　1932.9.16 到职　　　1934.4.2 免
吴式均　1934.4.2 任　　　　1936.11.19 免
梁昌汉　1936.11.19 任　　　1938.1.16 免
刘应时　1938.1.16 任　　　　1939.12 免
梁汉强　1939.12 任　　　　　1942.3.13 免
何遒英　1942.3.13 任　　　　1943.3.6 免
詹式邦　1943.3.6 任
苏鹗元　1945.9 任　　　　　　1946.11.13 免
李　敏　1946.11.13 任　　　1948.9.28 免
肖仲明　1948.9.28 任　　　　1949.4.22 免
郑为楫　1949.4.22 任

梅茂县（前为梅菉管理局，1948.1.1 成立梅茂县）

赵鋆锋　1932.9.16 任
余觉芸　1933.6.6 到职
伍季酬　　　　　　　　　　　1935.9.28 免
王广轩　1935.9.28 任　　　　1937.1.18 免
陈元泳　1937.1.18 任　　　　1937.12.31 免
肖　组　1937.12.31 任　　　1938.12 免
金彦文　1938.12.20 任　　　1941.5 免
黄公宪　1941.5 任　　　　　　1942.2 离职
林树德　1942.2 到职　　　　1943.1.9 免
赖　汉　1943.1.9 任
岑涤群　　　　　　　　　　　1947.5.13 免
王绍通　1947.5.13 任
欧钟岳　1948.1.1 到职　　　1948.11.29 免
谭廷光　1948.11.29 任　　　1949.7.1 免
陈宁清　1949.7.1 任

合浦县县长

钟喜庚　1925.12.2 到职　　　1927.10.15 免
黄维玉　1927.10.15 任　　　1927.11.10 免
伍英树　1927.11.10 任

刘少侠　　1928. 2. 14 任　　　　1928. 4. 9 免

陈介卿　　1928. 4. 9 任

李立民　　1928. 9. 29 任　　　　1929. 4. 16 免

宁可风　　1929. 4. 16 任　　　　1930. 6. 7 免

廖国器　　1930. 6. 7 任　　　　1934. 4. 2 免

陈猛孙　　1934. 4. 2 任　　　　1936. 3. 10 免

王仁宇　　1936. 3. 10 任　　　　1936. 10. 12 免

吴　飞　　1936. 10. 12 任　　　　1937. 12. 26 免

丘桂誉　　1937. 12. 26 任

黄维玉　　1938. 9. 2 任　　　　1939. 11 免

李本清　　1939. 11 任　　　　1941. 6. 19 免

苏萍生　　1941. 6. 19 任　　　　1943. 4. 3 免

丘桂馨　　1943. 4. 3 任

夏秀峰　　1945. 4 到职　　　　1945. 12. 7 免

张国元　　1945. 12 任　　　　1945. 12. 25 免

何遁英　　1946. 2 到职　　　　1947. 12. 18 免

林朱梁　　1947. 12. 18 任

海康县县长

苏　民　　1925. 12. 15 任　　　　1927. 1. 8 撤

谢莲航　　1927. 1. 8 任　　　　1927. 6. 2 撤

冯天如　　1927. 6. 2 任　　　　1927. 7. 11 撤（未赴任）

沈　竞　　1927. 7. 11 任　　　　1927. 9. 24 免

黄德刚　　1927. 9. 24 任

张　熙　　1928. 2. 10 任

刘　鄂　　1928. 10. 8 任　　　　1929. 7. 2 免

姚之荣　　1929. 7. 2 任　　　　1930. 6. 23 免

李晖南　　1930. 6. 23 任　　　　1931. 1. 6 免

胡　钰　　1931. 1. 6 任

缪任仁　　1931. 5. 24 到职　　　　1933. 10. 28 免

覃元超　　1933. 10. 28 任　　　　1935. 6. 22 免

林振德　　1935. 6. 22 任　　　　1936. 10. 3 免

赵　濂	1936.10.3 任	1937.10.5 免
许　济	1937.10.5 任	1938.1.13 免
邓定远	1938.1.13 任	1939.7 免
丘桂誉	1939.7 任	1941.6.19 免
邓振亚	1941.6.19 任	1942.7.13 免
庞　成	1942.7.13 任	1943.5.18 免
王光汉	1943.5.18 任	
王一心	1945.4 到职	1946.4.18 撤
刘剑元	1946.4.18 任	1946.11.13 免
陈宏癸	1946.11.13 任	1947.12 撤
薛文藻	1947.12.26 任	1948.6.24 免
陈　桐	1948.6.24 任	

钦县县长

叶光畴	1925.12.15 任	
刘君厚		1926 免
许锡清	1926.8.12 到职	1927.3.19 免
叶毅夫	1927.3.19 任	1927.5.14 免
廖国器	1927.5.14 任	
周学棠	1928.2.10 任	1929.7.15 免
黄嵩南	1929.7.15 任	
庞渊鉴	1931.7.1 到职	
章萃伦	1932.7.22 任	1935.9.28 免
邓衍芬	1935.9.28 任	1937.12.31 免
钟　韶	1937.12.31 任	
王公宪	1939.1.28 任	1940.4 免
陆开梅	1940.4 任	1941.5.18 免
陈公佩	1941.5.18 任	
曾传仁	1943.7 到职	1946.4.18 免
孙繁枝	1946.4.18 任	1947.9.19 免
宁可风	1947.9.19 任	1948.6.3 免
王公宪	1948.6.3 任	1949.7.8 免

颜天球　1949.7.8 任

防城县县长

　邝嵩龄　1925.12.15 任

　黄世光　　　　　　　　　　　1926 免

　陈维周　1926 任　　　　　　1927.1.14 免

　邓邦谟　1927.1.14 任

　甄绍莘　1928.2.14 任　　　　1928.5.29 免

　孙家哲　1928.5.29 任　　　　1931.9.30 免

　梁　琦　1931.9.30 任　　　　1932.10.26 免

　张　敏　1932.10.26 任　　　　1936.9.2 免

　陈昌五　1936.9.2 任　　　　　1938.3.7 免

　廖道明　1938.3.7 任　　　　　1938.12 免

　林爱民　1938.12.20 任　　　　1940.3.29 免

　陈树渠　1940.3.29 任　　　　1941.9.30 免

　谭鉴斌　1941.9.30 任　　　　1942.7.28 免

　邓　侠　1942.7.28 任　　　　1943.9.18 免

　林为栋　1943.9.18 任

　陈济南　1946.5.28 任　　　　1947.11.22 免

　陈锦君　1947.11.22 任　　　　1949.4.1 免

　陈亨垣　1949.4.1 任

灵山县县长

　甘普群　1925.12.15 任

　刘叔模　　　　　　　　　　　1926 免

　宁可风　1926.5.28 到职　　　1927.5.21 免

　张夏初　1927.5.21 任　　　　1927.7.30 免

　黄　鹄　1927.7.30 任

　　　　　1928.2.10 任

　黄国梁　1928.9.29 任　　　　1930.7.23 免

　余俊生　1930.7.23 任　　　　1931.5 免

　陈国勋　1931.5 任

　钟显椿　1931.7.9 到职　　　　1932.8 免

204

李乃莘	1932.8 任	1934.9.8 免
朱德培	1934.9.8 任	1936.10.15 免
廖廷谔	1936.10.15 任	1939 离职
梁汉耀	1939.2.13 到职	1940.5.11 免
苏萍生	1940.5.11 任	1941.6.19 免
曾傅仁	1941.6.19 任	1943.7 免
陈公佩	1943.7 任	1946.2.22 免
陈蔓熹	1946.2.22 任	1948.1.10 免
黄质胜	1948.1.10 任	1949.6.24 免
杨志英	1949.6.24 任	

遂溪县县长

黄河沣	1925.12.31 任	
伍横贯		1926 免
林应礼	1926.5.15 任	
周泽中	1928.2.10 任	
李光第	1928.9.29 任	1929.7.2 免
刘 鄂	1929.7.2 任	1929.11.27 撤
王英儒	1929.11.27 任	1930.7.17 免
陈世钦	1930.7.17 任	
廖国宪	1931.6.2 到职	1932.4.2 免
香莹辉	1932.4.2 任	1932.12.1 离职
赵 超	1932.12.1 到职	
岑涤群	1933.5.27 任	1935.11.13 免
崔福祥	1935.11.13 任	1936.10 免
王 湘	1936.11.8 到职	1937.10.5 免
杨德隆	1937.10.5 任	
余 斌	1938.1.30 任	
钟 韶		1939.5 免
符麟端	1939.5.22 任	1939.12 免
陆匡文	1939.12 任	1940.11.17 免
颜继金	1940.11.17 任	1941.12.9 免

王　辉　1941. 12. 9 任　　　　　　1943. 3. 19 免

黄兆昌　1943. 3. 19 任

谭　略　　　　　　　　　　　　　1945. 11. 2 免

戴朝恩　1945. 11. 2 任　　　　　　1947. 3 亡

梁傅楷　1947. 3. 10 任　　　　　　1948. 6. 24 免

薛文藻　1948. 6. 24 任　　　　　　1949. 6. 28 免

黄兆昌　1949. 6. 28 任

徐闻县县长

张远峰　1925. 12. 18 任

谭鸿任　1926. 4. 16 到职　　　　　1927. 11 免

何振坝　1927. 11 任

蔡仲佳　1928. 5 到职

黄玉同　1928. 9. 12 任　　　　　　1930. 7. 30 免

黄德兴　1930. 7. 30 任（辞不赴任）

张　光　1930. 8. 20 任　　　　　　1931. 8. 15 免

曹日恒　1931. 8. 15 任　　　　　　1933. 8. 19 免

陈翰华　1933. 8. 19 任

陈　桐　1935. 8. 16 任　　　　　　1948. 6. 24 免

廖国彦　1948. 6. 24 任　　　　　　1949. 5. 20 免

杨谓爵　1949. 5. 20 任　　　　　　1949. 6. 14 免

周万邦　1949. 6. 14 任

琼山县县长

李树标　　　　　　　　　　　　　1926 免

何春帆　1926. 2. 20 到职　　　　　1927. 2. 17 免

梁鸣一　1927. 2. 17 任　　　　　　1927. 6. 13 免

余文铣　1927. 6. 13 任　　　　　　1927. 11 免

王天定　1927. 11 任

叶洁芳　　　　　　　　　　　　　1928. 4. 9 免

陈明栋　1928. 4. 9 任

林鸿飞　1928. 12. 24 任　　　　　1929. 7. 11 免

王集吾　1929. 7. 11 任

李思辕		1931. 3. 3 免
罗贡华	1931. 3. 3 任	1931. 5 免
周斯恭	1931. 5 任	
陈明栋	1931. 6. 11 到职	1932. 8. 1 离职
郑里镇	1932. 7. 22 任	1933. 1. 7 免
郑里铎	1933. 1. 7 任	1933. 5. 13 免
陈猛荪	1933. 5. 13 任	1934. 4. 2 免
廖国器	1934. 4. 2 任	1936. 10. 12 免
黄　强	1936. 10. 12 任	
陈炜章	1937. 9. 7 任	
云振中	1938. 9 任	
杨永仁	1939. 2. 25 任	1940. 2. 14 免
陈　哲	1940. 2. 14 任	1946. 1 免
吴荣揖	1946. 1 任	1947. 9. 13 免
郑泽光	1947. 9. 13 任	1947. 12. 18 免
周成钦	1947. 12. 18 任	

文昌县县长

朱仿文		1927. 1. 18 免
邢森洲	1927. 1. 18 任	
林鸿飞	1928. 6. 28 任	1928. 12. 24 免
蔡　枢	1928. 12. 24 任	1929. 7. 11 免
王雨若	1929. 7. 11 任	1929. 12. 4 免
文尚纲	1929. 12. 4 任	1930. 6. 4 免
李　鼎	1930. 6. 4 任	1931. 5 免
吴钦禅	1931. 5 任	
何清雅		1931. 6. 6 免
欧少傅	1931. 6. 6 任	1931. 11. 13 免
王晓章	1931. 11. 13 任	1933. 5. 13 免
邓衍芬	1933. 5. 13 任	1933. 6. 29 免
陈炜章	1933. 6. 29 任	
杨柱国	1934. 4. 2 任	1935. 4. 17 免

李藻兴　1935. 4. 17 任

何治伟　1936. 3. 3 任　　　　　1936. 10. 29 免

陆桂芳　1936. 10. 29 任　　　　1938. 3. 7 免

曾文田　1938. 3. 7 任　　　　　1939. 3. 10 免

詹学新　1939. 3. 10 任　　　　1940. 10. 14 免

杨永仁　1940. 10. 14 任　　　　1941. 9. 1 免

吴世璇　1941. 9. 1 任　　　　　1942. 4 免（未到任）

何定之　1942. 4. 19 任　　　　1946. 1 免

郑泽光　1946. 1 任　　　　　　1947. 9. 13 免

陈宗舜　1947. 9. 13 任　　　　1948. 1. 10 免

文乃武　1948. 1. 10 任

定安县县长

黄梦麟　1926. 1. 31 到职　　　1927. 3. 18 免

李　翰　1927. 3. 18 任　　　　1927. 6. 13 免

张治平　1927. 6. 13 任　　　　1927. 8. 26 免

孙敩棳　1927. 8. 26 任（辞不赴任）

黄著勋　1927. 11 任

王德璠　　　　　　　　　　　　1928. 6 免

彭启彬　1928. 6 任

王雨若　1928. 12. 15 任　　　　1929. 7. 11 免

陈照秋　1929. 7. 11 任　　　　1930. 9. 6 免

黄世治　1930. 9. 6 任　　　　　1931. 6. 13 免

陈宗舜　1931. 6. 13 任　　　　1932. 8 离职

麦霞甫　1932. 8. 2 到职　　　　1933. 4. 17 免

周伟光　1933. 4. 17 任

林乔年　1934. 4. 2 任　　　　　1935. 4. 17 免

苏萍生　1935. 4. 17 任　　　　1938. 1. 30 免

吴　雄　1938. 1. 30 任　　　　1940. 7 免

罗莲峰　1940. 8 到职　　　　　1942. 9. 13 免

钱开新　1942. 9. 13 任　　　　1946. 1. 22 免

谭伯棠　1946. 1. 22 任　　　　1947. 2. 14 撤

吴　雄	1947. 2. 14 任	1947. 12. 18 免
陈炜章	1947. 12. 18 任	1948. 7. 31 免
张云亮	1948. 7. 31 任	

儋县县长

李　诚		1926 免
邢诒昺	1926. 4. 21 到职	
丘允中	1927. 6. 7 任（未到任）	
陈仲章	1927. 6. 13 任	
丘海云		1928. 9. 19 免
林文炳	1928. 9. 19 任	
张宝衍	1929. 2. 1 任	1929. 7. 11 免
李午天	1929. 7. 11 任	1929. 8. 20 免
莫德一	1929. 8. 20 任	1929. 9. 3 免
陈剑虹	1929. 9. 3 任	1930. 8. 20 免
张　军	1930. 8. 20 任	1931. 5 免
冼维祺	1931. 6. 16 到职	1933. 3. 22 免
曾友文	1933. 3. 22 任	1934. 4. 2 免
彭元藻	1934. 4. 2 任	1936. 10. 29 免
何承天	1936. 10. 29 任	1937. 12. 30 免
陈宗舜	1937. 12. 30 任	1939. 4 撤
王鸿饶	1939. 4. 27 任	1939. 10 免
陈　哲	1939. 10 任	1940. 2. 14 免
钱开新	1940. 2. 14 任	1942. 9. 13 免
王　焕	1942. 9. 13 任	1946. 1 免
陈藻文	1946. 1 任	1947. 5. 13 免
王绍章	1947. 5. 13 任	1947. 9. 10 免
董伯然	1947. 9. 10 任	1948. 6. 3 免
符维群	1948. 6. 3 任	1949. 2. 28 免
钱开新	1949. 2. 28 任	

澄迈县县长

| 刘叔模 | | 1926. 12 免 |

王光玮　1926. 12 任　　　　　1929. 7. 11 免

文尚绹　1929. 7. 11 任　　　　1929. 12. 4 免

李誉德　1929. 12. 4 任　　　　1930. 1. 25 免

李应南　1930. 1. 25 任　　　　1930. 6. 23 免

丘　泽　1930. 6. 23 任

张德恩　1931. 6. 3 到职　　　　1932. 6. 12 离职

叶　苍　1932. 6. 12 到职

欧阳韶　1932. 7. 25 任　　　　1933. 2. 18 免

李佐炘　1933. 2. 18 任　　　　1934. 4 免

关兆祥　1934. 4. 2 任　　　　1935. 1. 9 免

马骏千　1935. 1. 9 任　　　　1936. 10 免

吴以起　1936. 10 任　　　　　1938. 7 离职

詹国群　1938. 7 到职　　　　1939. 3 免

丘海云　1939. 3 任　　　　　1939. 8. 21 免

陈炜章　1939. 8. 21 任　　　　1940. 5. 18 免

梁雅标　1940. 5. 18 任

吴道南　1940. 6 任

梁雅标　　　　　　　　　　　1942. 4. 19 免

何劲秋　1942. 4. 19 任

王绍裕　　　　　　　　　　　1946. 1 免

周正之　1946. 1 任　　　　　1947. 9. 13. 免

郑　彬　1947. 9. 13 任　　　　1948. 6. 3 免

王维名　1948. 6. 3 任

崖县县长

陈宗舜　　　　　　　　　　　1926. 11. 25 免

陈　善　1926. 11. 25 任　　　　1927. 6. 13 免

王鸣亚　1927. 6. 13 任

劳宇楷　1933. 6. 29 任　　　　1934. 9. 8 免

陈遹曾　1934. 9. 8 任

何定之　1939. 1 任　　　　　1939. 9. 16 免

王鸣亚　1939. 9. 16 任（1941 任内病故）

李尚菜　1941.6.24 任

陈昌期　1943.2.17 任

丘岳观　1944.9.1 到职　　　　　1945.12.25 免

邓士采　1946.1.22 任　　　　　1948.8 免

韩　潮　1948.8 任

万宁县县长

陈　瀛　　　　　　　　　　　　1926 免

岑　楼　1926.7.6 到职　　　　　1927.2.17 免

蔡　慎　1927.2.17 任　　　　　1927.7.30 免

曾子琴　1927.7.30 任

何清雅　1927.12 到职

王集吾　1928.9.12 任　　　　　1929.7.11 免

梁宝箴　1929.7.11 任　　　　　1930.2.12 免

吴圣泉　1930.2.12 任　　　　　1930.5.14 免

周思兼　1930.5.14 任

洪星南　1930.5.21 任　　　　　1931.5 免

邓维华　1931.6.10 到职　　　　1931.11.13 免

何清雅　1931.11.13 任　　　　1932.8 离职

钟启英　1932.7.22 任　　　　　1934.9.8 免

劳宇楷　1934.9.8 任　　　　　1936.12.21 免

黄文鹄　1936.12.21 任　　　　1938.2.13 免

杜　清　1938.2.13 任　　　　　1938.2 撤

李懿曾　1938.2.24 任　　　　　1939.3 免

蔡笃慎　1939.3 任　　　　　　1939.7 免

梁拱汉　1939.7 任　　　　　　1939.8 免

罗莲峰　1939.8.29 任　　　　　1940.7 免

钟启英　1940.7 任　　　　　　1942.1.6 免

林　镇　1942.1.6 任　　　　　1946.1 免

罗盛元　1946.1 任　　　　　　1947.9.13 免

李鼎羹　1947.9.13 任　　　　　1947.12.26 免

文　湘　1947.12.26 任

陵水县县长

卓浩然 　　　　　　　　　　　　1926 免

丘海云　1926.6.4 到职　　　　　1927.5.14 免

欧阳万里1927.5.14 任　　　　　1927.6.13 免

范仲葵　1927.6.13 任（未赴任）

丘海云 　　　　　　　　　　　　1927.11 免

黄均铨　1927.11 任

古荫煊　1928 任

黄世治　1929.1.17 任　　　　　1929.5.7 免

周云青　1929.5.7 任　　　　　　1930.3.19 免

黄少怀　1930.3.19 任　　　　　1930.9.22 免

王　器　1930.9.22 任　　　　　1931.4.11 免

刘奋翘　1931.4.11 任　　　　　1932.8.10 免

文乃斌　1932.8.10 任　　　　　1933.2.18 免

符麟瑞　1933.2.18 任

林文柏　1934.4.2 任　　　　　　1935.1.9 免

关兆祥　1935.1.9 任　　　　　　1936.10.29 免

李星野　1936.10.29 任

林鸿邵 　　　　　　　　　　　　1939.3 免

梁拱汉　1939.3 任（未赴任）

侯协中　1939.3.18 任　　　　　1942.12.14 免

李鼎京　1942.12.14 任　　　　　1946.1 免

王定华　1946.1 任　　　　　　　1947.9.13 免

林　涪　1947.9.13 任　　　　　1948.7.31 免

王定华　1948.7.31 任

临高县县长

王　仁 　　　　　　　　　　　　1926 免

方宗矩　1926 任　　　　　　　　1926 免

沈春雨　1927.4.8 任　　　　　　1927.5 撤

黄秉霆　1927.5.23 任　　　　　1927.9.28 免

林明伦　1927.9.28 任

212

白深云	1928.12.15 任	
招念慈	1929.12.25 任	1931.5 免
吴履泰	1931.5 任	1932.11.14 免
黄荣球	1932.11.14 任	1934.2.27 免
林昭礼	1934.2.27 任	1936.10.29 免
吴景超	1936.10.29 任	1938.4 免
吴宗泰	1938.4 任	
冼成瑞	1939.3 任	1939.10 撤
陈镇业	1939.10 任	1942.5.14 免
吴 钊	1942.5.14 任	
王聘宗	1943.5 任	1946.1 免
欧剑城	1946.1 任	1948.7 免
陈炜章	1948.7 任	

乐会县县长

黄维玉		1926 免
吴文彬	1926 任	1926 免
王伯华	1926.7.22 到职	1927.3.19 免
许锡清	1927.3.19 任	1927.7.11 免
王昌濬	1927.7.11 任	
彭伯项		1929.2.1 撤
李午天	1929.2.1 任	1929.7.11 免
翁鼎新	1929.7.11 任	1930.3.28 撤
陈卓民	1930.3.28 任	
陈英生	1931.3.17 到职	
陈继福	1931.9.15 任	1932.8.10 免
陈炜章	1932.8.10 任	1933.6.29 免
余丕承	1933.6.29 任	1933.12.6 免
夏 时	1933.12.6 任	1934.9.8 免
周仲天	1934.9.8 任	1935.7.23 免
吴良谟	1935.7.23 任	1936.11.19 免
姚希明	1936.11.19 任	1938.5 免

吴　钊　1938.5.26 任　　　　　1939.8.21 免

冯汝楫　1939.8.21 任　　　　　1942.1.6 免

王佐才　1942.1.6 任

何清雅　　　　　　　　　　　1945.7 免

王春和　1945.8.16 到职　　　　1946.1 免

黄德川　1946.1 任　　　　　　1946.6.5 免

陈有良　1946.6.5 任　　　　　1947.9 免

黎之良　1947.9.10 任　　　　　1947.12.18 免

李向荣　1947.12.18 任　　　　1948.11.2 免

王　琼　1948.11.2 任

琼东县县长

江　沛　　　　　　　　　　　1926 免

何名汉　1926 任　　　　　　　1926 免

冯炳奎　1926 任　　　　　　　1927.1.8 免

罗让贤　1927.1.8 任　　　　　1927.8.26 免

郭渊谷　1927.8.26 任

王　炯　1928.9.29 任　　　　1929.1.9 免

陈骋寰　1929.1.9 任　　　　　1929.6.6 免

颜恭叔　1929.6.6 任　　　　　1930.2.8 免

岳跃龙　1930.2.8 任　　　　　1930.5 免

黎寿祺　1930.5 任

欧少傅　　　　　　　　　　　1931.6.6 免

何清雅　1931.6.6 任　　　　　1931.11.13 免

欧少傅　1931.11.13 任　　　　1932.8 离职

谭庆丰　1932.7.22 任　　　　1933.2.18 免

李藻兴　1933.2.18 任　　　　1935.4.17 免

程云祥　1935.4.17 任　　　　1936.11.19 免

许龄筠　1936.11.19 任（辞不赴任）

潘　崖　1936.12.21 任　　　　1937.8.20 免

欧阳磊　1937.8.20 任

吴建华　　　　　　　　　　　1939.2 免

何清雅　1939.3 任（辞不赴任）

符传钵　1939.3 任

王鸣亚　　　　　　　　　　　　　　1939.9.16 免

王醒亚　1939.9.16 任　　　　　　1942.12 免

罗以忠　1942.12.16 任

岑孟雅　1944.4.1 到职　　　　　　1946.1 免

彭元藻　1946.1 任　　　　　　　　1947.5.13 免

陈德荣　1947.5.13 任　　　　　　1947.9.10 免

黎卓仁　1947.9.10 任

王衍祚　　　　　　　　　　　　　　1948.2.7 免

韩云超　1948.2.7 任

林瑞明　1948.6 任

昌江县县长

丘海云　　　　　　　　　　　　　　1926 免

古荫煊　1926.6.11 到职

黄善宝　1928.1 到职

胡以兰　1928.11.13 任（未赴任）

李　景　1929.3.8 任　　　　　　　1929.7.11 免

周思兼　1929.7.11 任　　　　　　1930.5.14 免

洪星南　1930.5.14 任　　　　　　1930.5.21 免

周思兼　1930.5.21 任　　　　　　1931.1.12 免

吴伯炯　1931.1.12 任

钟启英　1931.6.19 任

凌声教　1932 免

符瑞初　1932.8 到职　　　　　　　1933.9.13 免

林昭礼　1933.9.13 任　　　　　　1934.2.27 免

何凯诒　1934.2.27 任　　　　　　1936.11.19 免

黄廉卿　1936.11.19 任

陈明栋　1938.4.7 任（任内病故）

岑孟雅　1942.1.6 任　　　　　　　1944.2 免

符祥和　1944.3.1 到职　　　　　　1946.1 免

廖逊我　1946.1 任　　　　　　　1947.9.10 免

陈德荣　1947.9.10 任　　　　　　1948.11.2 撤

陈孝韦　1948.11.2 任

感恩县县长

古荫煊　　　　　　　　　　　　1926 免

王　仁　1926 任　　　　　　　　1927.8.26 免

杨志仁　1927.8.26 任（未赴任）

王　仁　1927.9.13 任　　　　　　1927.12.3 免

黎士沾　1927.12.3 任

陈文波　1928.1 到职

周文海　1928.12.15 任　　　　　　1929.5.21 免

黄汉英　1929.5.21 任　　　　　　1931.1.12 免

翁寿昌　1931.1.12 任　　　　　　1931.7.20 离职

王晓章　1931.7.20 到职　　　　　1931.11.13 免

邓维华　1931.11.13 任　　　　　　1931.12.11 免

陶英伯　1931.12.11 任　　　　　　1933.5.13 免

云茂钵　1933.5.13 任　　　　　　1933.12.23 免

李乘元　1933.12.23 任　　　　　　1934.1.16 免（未到任）

林拔萃　1934.1.16 任　　　　　　1934.9.8 免

朱誉鋆　1934.9.8 任　　　　　　1936.11.5 免

郑精一　1936.11.5 任

钱开新　1938.4.7 任　　　　　　1940.2.14 免

麦邦垣　1940.2.14 任　　　　　　1942.4.2 免

何重民　1942.4.2 任　　　　　　1946.1 免

钟应梅　1946.1 任（辞不赴任）

叶崇峻　1946.1.26 任　　　　　　1947.9.10 免

陈有良　1947.9.10 任　　　　　　1948.6.3 免

董伯然　1948.6.3 任

乐东县县长

尹耀辰　1935.5.8 任　　　　　　1937.11.24 撤

王鸣亚　1937.11.24 任　　　　　1939.9 免

王醒亚　1939.9 到职　　　　　　1942.12.16 免

罗以忠　1942.12.16 任

王醒亚　　　　　　　　　　　　1945.12.25 免

余式如　1945.12.25 任　　　　　1947.8.2 免

王衍祚　1947.8.2 任　　　　　　1948.2.7 免

韩云超　1948.2.7 任

林瑞明　1948.7.28 到职

保亭县县长

洪士祥　1935.5.8 任　　　　　　1938.4 离职

蔡笃慎　1938.4 到职　　　　　　1939.3 免

李之炎　1939.3 任（辞不赴任）

蔡笃慎　1939.7 任　　　　　　　1942.2.27 撤

王槐森　1942.2.27 任　　　　　　1943.1.20 免

李汉仪　1943.1.20 任

周栽彬　1943.11 任　　　　　　　1948.2.7 免

黄自强　1948.2.7 任　　　　　　1949.1.22 免

王昭信　1949.1.22 任

白沙县县长

马宪文　1935.5.8 任　　　　　　1936.4 撤

黄鸿光　1936.4.22 任　　　　　　1938.1.30 免

丘海云　1938.1.30 任　　　　　　1939.3 免

陈伯良　1939.3 任　　　　　　　1939.8.2 免

丘海云　1939.8.2 任　　　　　　1940.4.27 免

黎卓仁　1940.14.27 任　　　　　1943.2.9 免

曾祥训　1943.2.9 任

李茂荣　1944.1 到职（1946 任内病故）

林士新　1946.1 任　　　　　　　1947.2.14 免

王　焕　1947.2.14 任　　　　　　1948.1 撤

赵克刚　1948.1.10 任